大名屋敷「謎」の生活

安藤優一郎

PHP文庫

○本表紙図柄＝ロゼッタ・ストーン（大英博物館蔵）
○本表紙デザイン＋紋章＝上田晃郷

はじめに――大名屋敷なくして「百万都市」江戸は成り立たない！

江戸の土地の七〇パーセントは「武家地」が占めていた!?

江戸は、江戸城を核《かく》とする〝**日本最大の城下町**〟である。武士が住む武家地がその約七〇パーセントを占め、町人が住む町人地と寺社《じしゃ》地が同じく一五パーセントずつ分け合った。

江戸城の周囲は、将軍を守るように御直参《ごじきさん》（幕臣）の旗本《はたもと》・御家人《ごけにん》の屋敷が取り囲んでいたが、面積からすると諸大名と家臣が住む広大な〝大名屋敷〟が武家地の過半を占める。安政三年（一八五六）の数字によると、大名屋敷は計七百四十八万坪余《つぼあまり》で、幕臣の屋敷は計五百六十八万坪余。

江戸の土地の七〇パーセントを占める武家地の過半は大名屋敷だった。意外にも、将軍のお膝元《ひざもと》江戸は〝大名屋敷の街《まち》〟という顔を持っていた。

江戸が時代劇として描かれる場合、将軍の住む江戸城、女性たちの熾烈《しれつ》な戦いが繰り広げられた大奥《おおおく》、名奉行・大岡越前《えちぜん》や遠山《とおやま》の金《きん》さんが登場する町奉行所、江戸っ子が住む長屋《ながや》が舞台となることが多い。そのため、大名屋敷街《がい》としての江戸はイメージされにくいが、**大名屋敷なくして〝城下町江戸〟は成り立たなかった。**

「百万都市」と称される江戸の武家人口はゆうに五十万人を超えたが、その大半は大名屋敷内に住む藩士たちだった。

慶応四年（一八六八）の数字によると、旗本が約六千人、御家人が約二万六千人で幕臣の数は計三万人強。家族や家臣を含めても十万人前後といったところであり、**武家人口の約八〇パーセントが〝地方から出てきた藩士たち〟で占められた計算になる。**これもまた意外な事実に違いない。

諸大名に屋敷つまり江戸藩邸《はんてい》を与えたのは、幕府である。参勤交代《さんきんこうたい》により、諸大名は江戸藩邸での生活を隔年《かくねん》ごとに強《し》いられ、正室や嫡子《ちゃくし》を人質の形で置くことも義務付けられたわけだが、一年間、大名は江戸で何をしていたのか。国元から連れてきた大勢の家臣たちは何をしていたのか。そもそも、どれだけの数の家臣が住んでいたのか。

こうした問いに、あまり応《こた》えられていないのが江戸研究の現状なのである。

「古地図 寛政版江戸図」（提供：アールクリエイション/アフロ）

【本書の構成】

本書ではこうした現状を踏《ふ》まえ、謎に包まれたままの大名や藩士たちの生活を解き明かす。その際には大名や藩士の証言だけでなく、大名屋敷に〝**御用達《ごようたし》**〟として出入りした商人や農民が残した史料も活用する。

江戸藩邸での生活を隔年ごとに強いられた諸藩は、藩の〝年間予算の半分以上〟が江戸での生活費として消えていた。生活物資を納入する業者にとり、江戸藩邸とは巨大市場に他ならなかった。

よって、様々な業者が御用達として参入するが、何も豪商《ごうしょう》だけではない。資本力のある**江戸近郊農村の豪農《ごうのう》たち**も参入している。豪商や豪農の家に残された史料からも大名屋敷の実像が見えてくるのだ。

各章の内容は以下のとおりである。

第一章「謎の空間！　江戸藩邸――『対照的』だった大名と藩士の生活」では、大名や藩士の証言から大名屋敷での生活実態を明らかにする。堅苦《かたくる》しい生活を求められた大名に対し、藩士たちの生活は意外にゆるいものだった。

第二章「江戸の高級サロンだった大名庭園――贅をつくした『おもてなし』」では、**大名屋敷の〝社交空間〟としての顔**に焦点を当てる。幕府の役職に就《つ》いた大名以外にとって、江戸藩邸で将軍や同僚の大名たちを「おもてなし」することはたいへん重要視されたが、その舞台こそ屋敷内に造成《ぞうせい》された巨大な庭園、いわゆる大名庭園である。

第三章「『御用達の座』をめぐる争い――生活物資の納入から汲み取りまで」では、江戸藩邸の生活を御用達として支えた豪商や豪農側に残された史料から、大名や藩士の生活に迫る。豪農が江戸藩邸に出入りするきっかけは、下肥《しもごえ》として農作物の貴重な肥料となっていた藩邸内の屎尿《しにょう》の汲み取りだった。

第四章「幕末の動乱が『江戸経済』を活性化させた！――戦争という特需」では、内憂外患《ないゆうがいかん》の〝国難〟が江戸藩邸出入りの御用達にとり大きなビジネスチャンスとなった真相を解き明かす。**欧米列強との開戦危機は、商人に特需をもたらしていた。**

第五章「寂れていく『江戸の大名屋敷』——幕府の消滅とともに」では、幕府倒壊の数年前より参勤交代制が空文化《くうぶん》してから、江戸の景気そして諸藩御用達の経営状況が急激に悪化した事実に注目する。**江戸の繁栄を支えていたのは、参勤交代制なのである。**

第六章「『首都』東京と消えゆく大名屋敷——荒れ野からの再生」では、明治維新により大名屋敷が官用地《かんようち》や軍用地に転用された過程を追う。小石川後楽園《こいしかわこうらくえん》や六義園《りくぎえん》などの都内の名園は、今に残る大名屋敷の遺産だった。

本書では大名屋敷に住む大名や藩士、その暮らし向きを支えた豪商や豪農の姿に光を当てることで、**テレビや映画、時代小説では知ることのできない江戸の実像を**読み解いていく。

大名屋敷「謎」の生活

目次

第二章 江戸の高級サロンだった大名庭園

――贅をつくした「おもてなし」

第三章　「御用達の座」をめぐる争い
――生活物資の納入から汲み取りまで

第四章 幕末の動乱が「江戸経済」を活性化させた！
――戦争という特需

第五章　寂れていく「江戸の大名屋敷」
――幕府の消滅とともに

第一章

謎の空間！　江戸藩邸

――「対照的」だった大名と藩士の生活

(二)参勤交代と大名屋敷──江戸に繁栄を〝集中〟させたもの

●江戸は「日本最大の城下町」──全国から集まる大名たちの〝巨大な屋敷〟

江戸城（現・皇居《こうきょ》）と東京駅に挟《はさ》まれた格好で広がる千代田区丸の内は高層ビルが林立《りんりつ》する都心の一等地だが、江戸時代は大名屋敷が集中していたことから〝**大名小路《こうじ》**〟とも呼ばれた。

丸の内界隈《かいわい》を描いた尾張屋《おわりや》版の江戸切絵図《きりえず》のタイトルも『御曲輪内《おくるわうち》大名小路絵図』となっている。切絵図には、密集する大名屋敷に挟まるように「大名小路」という文字も見える。

この大名小路は江戸の観光名所の一つで、地方から出てきた農民が各大名の建物を見物して回った人気観光地だった。当然、故郷の殿様《とのさま》の屋敷を見物することもあっただろう。

さて、大名が幕府から屋敷を下賜《かし》されたといっても、実は土地のみだったことは

旧鳥取藩主・池田家屋敷の表門（黒門）

あまり意識されていないかもしれない。ここで言う屋敷とは建物ではなく、土地を指す言葉だった。家臣とともに住む建物は〝自費〟で建設することになっていた。

将軍のお膝元《ひざもと》たる江戸は参勤交代制により、全国から諸大名が集まってくる日本最大の城下町である。そのため、諸大名は自分のメンツにかけて、下賜された地所に贅《ぜい》を凝《こ》らした壮麗《そうれい》な建物を建てた。現在、江戸東京博物館で復元展示されている福井藩松平《まつだいら》家の屋敷は、そんな巨大な大名屋敷の一例である。

他の大名には負けたくないという競争心理が働くのだ。お殿様たちのプライドが火花を散らした結果、江戸の観光名所たるにふさわしい偉容《いよう》を誇る屋敷街が丸の内をはじめ、現在の霞《かすみ》が関《せき》、永田町、大手町などに誕生していく。

現在、上野の東京国立博物館の隣《となり》に巨大な門が移築されている。この門は、かつての鳥取藩主・池田家屋敷の表門《おもてもん》だ。江戸城の日比谷濠《ぼり》の近く、現在の帝国劇場の辺りにあった屋敷である。まさしく大名小路沿《ぞ》いの屋敷だ。**こうした巨大な門が、少なくとも大名の数だけ江戸の町にはあった。**

鳥取藩と言えば、因幡《いなば》一国を支配していたことで〝国持大名《くにもちだいみょう》〟に分類された有力大名であり、石高《こくだか》も三十万石を超えた。そんな国持大名としての威厳と格式を見る者に感じさせる門である。江戸の人々もそう感じたに違いない。

まさに、江戸の大名屋敷街を今に伝える貴重な遺産なのである。

上屋敷・中屋敷・下屋敷の違いとは?――大名どうしで〝売買〟されることも

江戸城周辺に立ち並んでいた大名屋敷は、いわゆる上屋敷《かみやしき》である。

上屋敷とは大名とその正室が住む屋敷のことだが、大名は上屋敷以外にも屋敷を幕府から下賜されていた。

伊予《いよ》松山藩主・久松《ひさまつ》松平家の家臣で、明治に入って教育官吏《かんり》となった内藤鳴雪《めいせつ》という人物がいる。同郷の後輩・正岡子規《まさおかしき》を俳句の師匠と仰《あお》いだが、俳誌《はいし》『ホトトギス』で、江戸屋敷詰《づめ》藩士の生活を回顧した。後に柴田宵曲《しょうきょく》編『幕末の武家』に採《さい》録《ろく》されたが、江戸の大名屋敷について次のように証言する。

お屋敷には通例、上屋敷、中屋敷、下屋敷の三つがある。上屋敷、中屋敷の二つは幕府から賜わるので、お城の周囲に接近してあったもので、中屋敷より上屋敷の方が更にお城に接している。上屋敷、中屋敷は共に一つずつであるが、下屋敷は大名によってはたくさん持っていて、相対で売買などもして、大名自身の所有であった。下屋敷は火災などがあった時分に立退いたり、季節に従って遊びなどする所で、たいがい郊外か、市中でも場末にあったのである。上屋敷は大名の当主の住居で、中屋敷には世子すなわち若殿が住んでいて、且つそれに属する家族も別かれて住まっていた。そうして、それに附属している家来は都合によって、上、中の両屋敷に打ちまじって住んでいるので、日々上より中、中より上へ通うて勤めていた（内藤鳴雪「勤番者」柴田宵曲編『幕末の武家』青蛙房、一九六五年）

大名屋敷と大名行列を描いたスケッチ（写真提供：PPS通信社）

大名の屋敷には、上屋敷・中《なか》屋敷・下《しも》屋敷の区別があるが、鳴雪の証言も踏まえて整理すると以下のとおりになるだろう。

上屋敷は殿様が住む屋敷だが、中屋敷は隠居《いんきょ》した殿様や世継《よつ》ぎの若殿が住む屋敷である。上屋敷よりも、江戸城からは遠い距離にあった。隠居すると、あるいは世継ぎの場合は、登城《とじょう》することはあまりないため、上屋敷よりも江戸城から遠い場所で拝領《はいりょう》するわけだ。

下屋敷は、上屋敷や中屋敷が火事などの災害に遭《あ》った時、避難所として用いられた屋敷である。江戸での生活に必要な物資を保管する屋敷でもあった。別荘として用いられることもあった。その場合は**「巨大な庭園」が造成され、同僚とも言うべき大名を招いて歓待《かんたい》する〝接待所〟として用いられた。**

下屋敷は場末《ばすえ》あるいは江戸郊外など江戸城からは遠い場所で下賜されたが、複数拝領することも見られた。**大名どうしで下屋敷を売買していた**と鳴雪は証言するが、別に下屋敷とは限らない。上屋敷や中屋敷も相対替《あいたいがえ》という形で売買した。

双方の大名が屋敷を交換（相対替）したいと幕府に申し出て許可されることで、事実上の売買が成立していたのである。

タダで土地が貰える「拝領屋敷」と、大名が買って年貢も納める「抱屋敷」

諸大名は上・中・下屋敷の最低三つの屋敷を下賜され、これを**拝領屋敷**と呼んでいたが、さらなる拝領を幕府に願うのが常であった。地所は大きければ大きいほど、大きな建物が建てられるわけであり、避難所・倉庫・別荘としての拡張も可能だ。使い道はいくらでもあった。

しかし、拝領つまりは無料で土地が貰《もら》えるわけなので、当然ながら競争は激しい。なかなか拝領できなかったのが実情で、結局のところ江戸の町や近郊の農村で

薩摩藩島津家の高輪屋敷（写真提供：PPS通信社）

福岡藩黒田家の桜田屋敷。明治維新後に外務省となった
（写真提供：PPS通信社）

土地を購入することになる。購入した土地は**抱**《かかえ》**屋敷**と呼ばれた。

もともと町人や農民が所持する地所であるため、拝領屋敷とは違って年貢《ねんぐ》**などを納入することが義務付けられた。大名が農民に代わって、年貢を幕府の代官**《だいかん》**など農民たちの〝御領主様〟に納めたのだ。**

奇妙な感じもするが、抱屋敷を所持している以上、当の大名は幕府あるいは他の大名・旗本に年貢を納めなければならなかったのである。

そんな負担を課せられたにも拘《かかわ》らず、大名は江戸近郊の農地を次々と買い集めていく――。安政三年（一八五六）の数字によれば、大名が購入した屋敷の総面積は約百七十万坪《つぼ》にも及んだ。

冒頭で触れたとおり、江戸の大名屋敷の総面積は七百四十八万坪余だが、これは拝領屋敷と抱屋敷を合わせた数字だった。**江戸の大名屋敷の二割強は買得**《ばいとく》**された地所なのであり、もともとは農地である**ことが多かった。

●大名屋敷の内部は〝軍事機密〟で謎だらけ――事実上の「男性だけの世界」

大名屋敷のうち拝領屋敷（上・中・下屋敷）は巨大な門のほか、周囲が長大な塀《へい》で廻《めぐ》らされていたが、その内部はいったいどうなっていたのか。

大名屋敷のみならず江戸城内部にしても、今では徳川家や各大名家などに残された絵図により内部の様子が分かるが、**当時は江戸城にせよ江戸屋敷にせよ、その内部は〝軍事機密〟に属《ぞく》した**。トップシークレットであり、外部に漏《も》れてはならない。だから、市販された切絵図に描かれるはずもなかった。

上屋敷の場合で見ると、大名と妻子そして奥女中《おくじょちゅう》たちが住む御殿《ごてん》は、屋敷の中央部に置かれた。**御殿の周囲は藩士が居住する長屋で囲まれ、藩士たちは身をもって大名を守る楯《たて》となった**。屋敷が攻撃を受けた時は、長屋を楯に防戦するのである。

江戸の大名屋敷には堀《ほり》こそなかったが、いざという時は大名や家臣たちが立て籠《こ》もる軍事施設に変身する。それが現実のものとなったのが、第五章「寂れていく『江戸の大名屋敷』」で取り上げる慶応三年（一八六七）十二月に起きた徳川家の命を受けた庄内《しょうない》藩などによる薩摩藩三田《みた》屋敷の焼き討ちだ。この時から事実上、戊《ぼ》辰《しん》戦争の火ぶたは切って落とされる。

御殿は大名のプライベートな生活空間と、藩士も出入りした空間から構成されたが、藩士が大名の生活空間に入ることは原則としてなかった。**外部の者にとり屋敷**

内部は〝謎の空間〟だったが、その屋敷に住む家臣にしても御殿は〝謎の空間〟に他ならない。殿様と家臣は同じ屋敷で住みながら、互いの空間は隔絶《かくぜつ》していた。

その生活空間のなかに、次章「江戸の高級サロンだった大名庭園」で取り上げる巨大な庭園が造成された。将軍と大名による限定された社交場《しゃこうば》だった。

大名屋敷には、どれほどの人数が住んでいたのか。

これも同じく軍事機密であり、トップシークレットだった。外部に漏れてはならず、正確な数字は分からない事例が大半だ。断片的に数字が残るのみというのが実情である。

その数少ない事例のうち、土佐《とさ》藩山内家の事例を見てみる。

貞享《じょうきょう》元年（一六八四）というから五代将軍・徳川綱吉《つなよし》の治世だが、この年、江戸屋敷に住む家臣の数は計三千百九十五人だった。土佐藩は鍛冶橋《かじばし》に上屋敷、芝《しば》に中屋敷、品川に下屋敷があったが、上屋敷（千六百八十三人）と中屋敷（千二百九十五人）に家臣は集中していた。ちなみに、上屋敷の坪数は七千五十二坪、中屋敷の坪数は八千四百二十九坪である。

男女別で見ると、圧倒的に男性が多かった。三千百九十五人のうち三千四十九人が男性で、女性百四十六人は屋敷に住み込みで勤務する奥女中だ。女性と言っても江戸城大奥のように殿様の御殿に勤める奥女中なので、屋敷内部は事実上、男性だけの世界だった。

江戸は〝男性都市〟という言い方をされることが多いが、江戸城の周りに広がる三百諸侯《しょこう》の江戸屋敷は、それ以上の〝男性社会〟なのである。

(二) 殿様の堅苦しい「江戸生活」――幕府の〝監視下〟に置かれる

●「殿様は江戸で何をしていたか?」――江戸城への登城が〝最大の公務〟だった

江戸藩邸で隔年ごとの生活を強《し》いられた諸大名は江戸在府《ざいふ》中、何をしていたのか。

老中《ろうじゅう》などの幕府の役職に就かなかった大名の場合、江戸城に登城して将軍に拝謁《はいえつ》したり、江戸城内で執《と》り行われる様々な儀式に参列することが、幕府に対する最

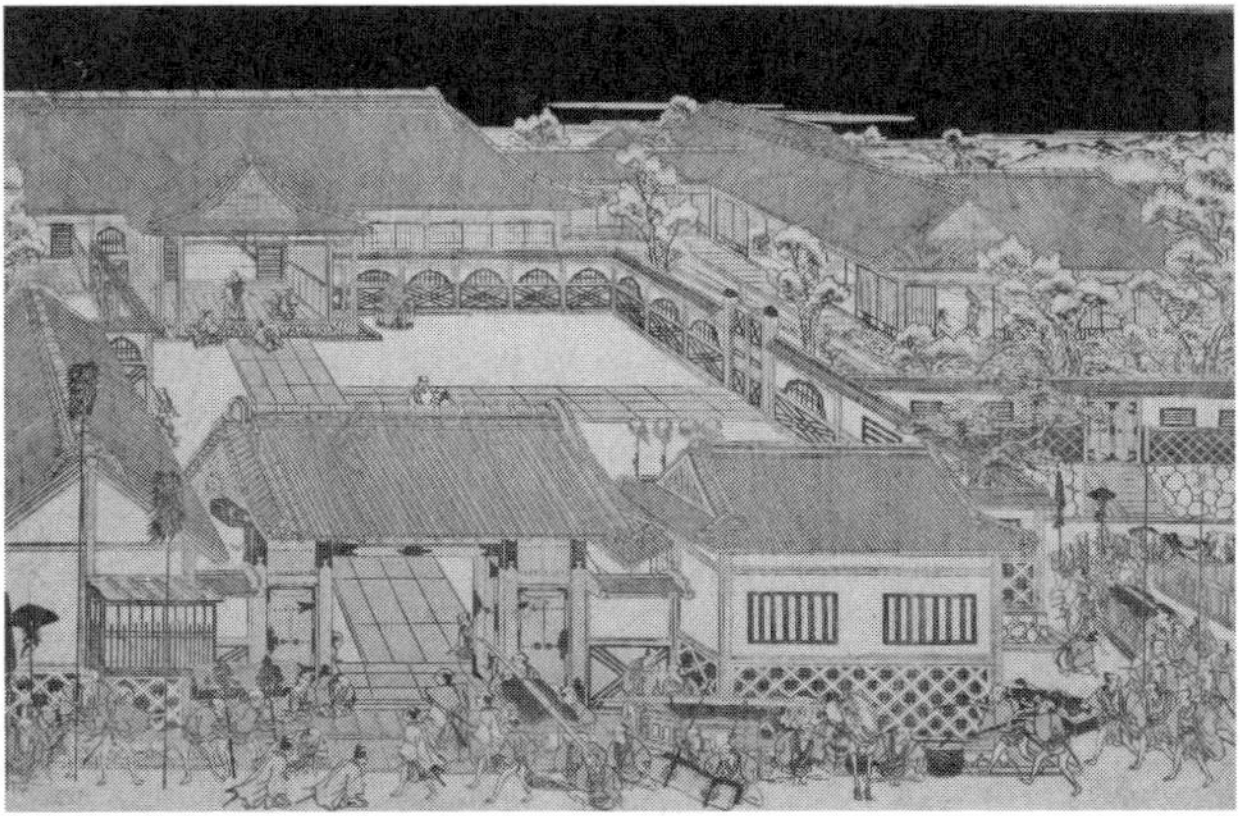

「御大名行列之図」（国立国会図書館蔵）

大の公務（義務）となっていた。

しかし、一口に江戸城への登城と言っても、当《とう》の大名や藩士たちにとり、実に大変なことだった。**江戸参勤ほどの規模ではないが、大名行列を組んで江戸城に向かうが、これが物凄《ものすご》い混雑を引き起こす。**それが回り回って、自らの登城に時間が掛かる結果を招いたのである。

登城日は、あらかじめ幕府から決められていた。

もちろん、公務であるから勝手に休むことなどできない。病気などで登城できない場合は、その旨《むね》をあらかじめ届け出る必要があった。届け出もなく登城しなかったとなると、ただでは済まず処罰対象となる。

決められた日以外に登城することも、「不時《ふじ》登城」として堅く禁じられていた。

安政五年（一八五八）六月二十四日、水戸《みと》前藩主・徳川斉昭《なりあき》、水戸藩主・徳川慶篤《よしあつ》、尾張《おわり》藩主・徳川慶恕《よしくみ》（慶勝《よしかつ》）、福井藩主・松平慶永《よしなが》（春嶽《しゅんがく》）の四大名が不時登城を強行する。五日前の十九日に、大老・井伊直弼《なおすけ》が時の孝明《こうめい》天皇の許可（勅許《ちょっきょ》）なしに日米修好通商条約を締結したからだ。斉昭たちは直弼を面詰《めんきつ》するが、暖簾《のれん》に腕押しの問答となる。何の成果もなく、四人は下城せざるを得なかった。

七月五日、直弼は将軍・家定《いえさだ》の意思と称して斉昭を謹慎、慶恕と慶永に隠居謹慎を命じた。不時登城が処罰の理由である。斉昭たちの行動を逆手《さかて》にとり、将軍継嗣《けいし》問題で〝政敵〟だった一橋《ひとつばし》派大名の追い落としに成功したことは、幕末史ではよく取り上げられる出来事である。

以下、登城日を具体的に見てみよう。

毎月一日、十五日、二十八日が定例の登城日（「月次《つきなみ》御礼」と称される）と定められていた。江戸城に登城して将軍に拝謁した後は、そのまま屋敷に戻ることになる。

年始や五節句《ごせっく》（三月三日の桃の節句や、五月五日の端午《たんご》の節句など）、そして徳川家康が江戸城に入った日とされる八朔《はっさく》（八月一日）など城中で執り行われる儀礼の日も、江戸在府中の大名は登城が義務付けられた。

若君誕生のような慶事《けいじ》の時にも、お祝いを申し述べるため登城する。**年間で見ると、登城日は二十～三十回**ということになるだろう。

こうした登城日に、江戸在府中の殿様たちは江戸城の周りで拝領した屋敷を出て、一斉に大手門《おおてもん》へと向かうのである。

熾烈な江戸城への「通勤ラッシュ」――二百もの大名行列が大手門に殺到！

浅野長勲（国立国会図書館蔵）

では、実際の登城の様子を当のお殿様に語ってもらおう。最後の広島藩主・浅野長勲《ながこと》の証言である。

最後の広島藩主である浅野茂勲《もちこと》（明治に入ると長勲と改名）は昭和に入り、三田村鳶魚《みたむらえんぎょ》の質問に応える形で殿様の日常を語っている。鳶魚は江戸の社会風俗の記録者として知られるが、長勲の回顧録に登城につ

「東都名所 霞ケ関全図」(国立国会図書館蔵)

いて述べた箇所があるのだ。

私の屋敷は霞ケ関にありまして、登城いたすのが昔の五ツ時、四ツには謁見があった。この時連れます同勢は、大分人数が多いので、二ノ切、三ノ切などと称えて、二つにも三つにも間を切ってある。諸人通行の邪魔になるからです(浅野長勲「大名の日常生活」『幕末の武家』)

浅野家の上屋敷は現在の霞が関にあったが、歌川《うたがわ》広重《ひろしげ》(二代)の錦絵《にしきえ》に浅野家の上屋敷と福岡藩黒田家の上屋敷が並ぶ様子を描いた「東都《とうと》名所《めいしょ》 霞ケ関全図」がある。真ん中を走る霞が関坂《ざか》を挟んで、右手が浅野家の上屋敷、左手が黒田家上屋敷という構図だ。

登城するため長勲が霞が関の上屋敷を出る時刻

は、なんと午前八時（五《いつ》ツ時《どき》）だった。将軍に拝謁するのは、その二時間後の午前十時（四《よ》ツ時）。**長勲は江戸城と目と鼻の先の屋敷に住んでいたが、**なぜ二時間も前に屋敷を出なければならなかったのか。

登城するのは浅野家だけではない。江戸在府中の大名すべてが江戸城に向かって行列を組むからだ。

三百諸侯の半分が江戸在府である上に、幕府の役職に就いている大名も登城するわけだから、この日は二百ほどの大名行列が城に一斉に向かうことになる。

浅野長勲の回顧録には、登城時の供連《ともづれ》の様子が図入り（次ページ図1参照）で紹介されている。行列の後方に「駕籠《かご》」とある。長勲が乗っている駕籠だ。

この図によれば、浅野家の行列の人数は八十人ほど。広島藩浅野家と言えば四十万石を超える外様《とざま》の有力大名であり、お供の人数は多いほうだが、それでも二百もの大名行列となれば、**江戸城に向かう大名行列の総人数はゆうに一万人を超えただろう。**

二百もの登城行列が城に向かう様子はまさしく壮観《そうかん》で、江戸の名物の一つになっていた。わざわざ見物しに来る者も多く、登城日の江戸城城門前は江戸の観光名所としても賑《にぎ》わっていた。

図1　広島藩主・浅野家登城の供連

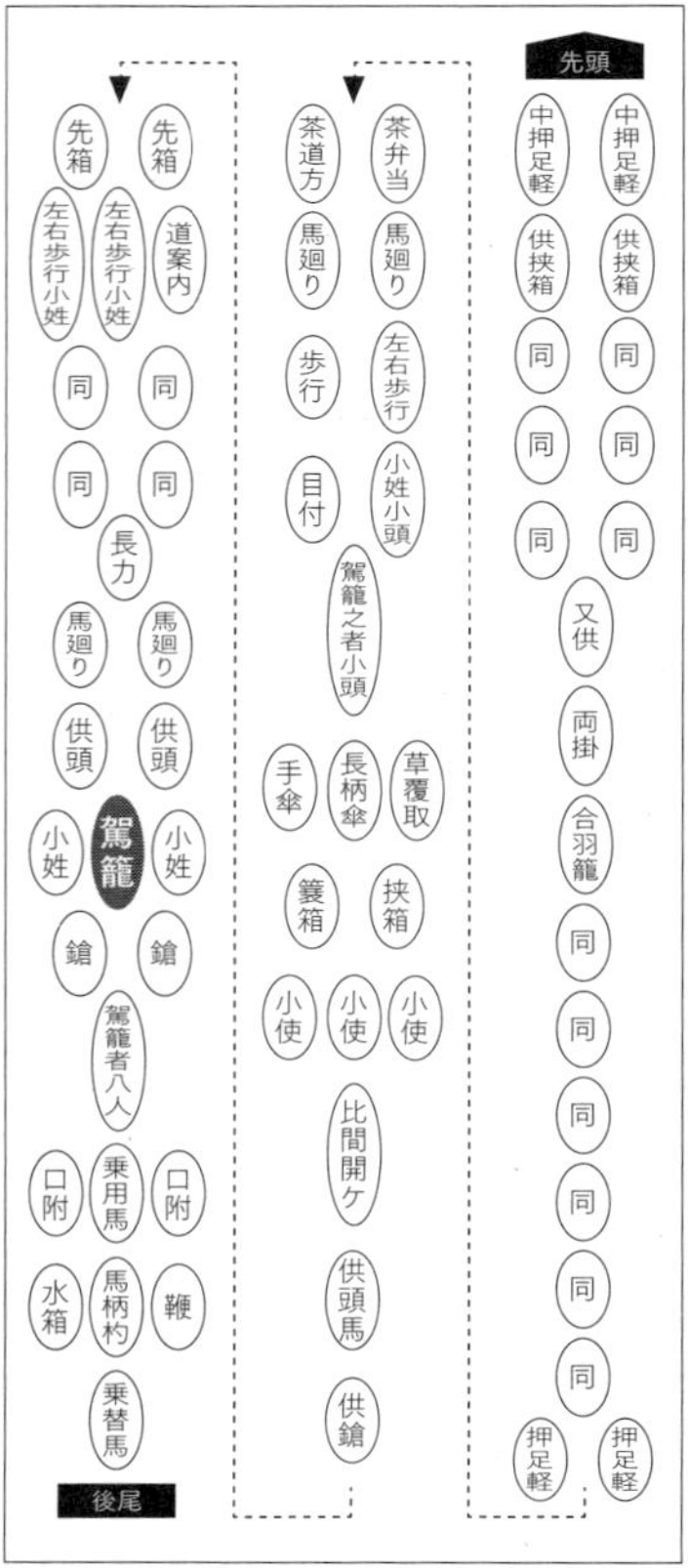

浅野長勲「大名の日常生活」『幕末の武家』青蛙房、1965年より作成

しかし、大手門に向かう大名にしてみると、物凄い混雑のなか行列を向かわせることになる。まさに江戸城への〝通勤ラッシュ〟の光景が展開されたはずだ。長勲の証言によると、行列を三つぐらいに分けて、間隔を置いて城に向かった。八十人の縦隊《じゅうたい》となると、およそ二百～三百メートルの長さとなり、通行の迷惑にもなるからだが、その分、城門までの時間も掛かるのは避けられなかった。混雑も増しただろう。

「温古東の花 旧正月元旦諸侯初登城」。将軍に新年の挨拶を終えて、帰途につく諸大名の行列（国立国会図書館蔵）

そして、**自分よりも格上の大名の行列にぶつかると、道を譲らなければならない。**外様の雄藩《ゆうはん》浅野家といえども、徳川御三家《ごさんけ》の行列に出会えば敬意を表し、殿様は駕籠から降りて挨拶《あいさつ》しなければならなかった。

この時代、拝謁の時刻に遅れることは決して許されない。そのため、時間にかなり余裕を見て、二時間前に屋敷を出発したわけだ。

万が一遅刻してしまったら、幕府の懲罰《ちょうばつ》が待っている。そもそも、名誉と体面を重んじる武家社会において、遅参《ちさん》とはこれ以上ない恥辱だった。

戦場に置き換えてみれば分かるだろう。一番乗りが〝武門《ぶもん》の名誉〟とされた時代であり、時間に余裕を持って出発しているのは、そうした意識の表れなのである。

厳しく規制された「殿様の行動」――タイムスケジュールの遵守が求められる

お殿様たちにとり、江戸城への登城そして拝謁という行事は、たいへんな緊張感を強いられるものだったが、**江戸藩邸での生活も何かと気苦労が多かった**。再び浅野長勲に語ってもらおう。

藩主としての日常は、まことに厳重なものでありまして、例えばちょっと外へ出るというても、東の門から出て、西の門から帰るということは出来ない。西の門の方へは何等そういう通告が渡っておらぬからです。私も一度そういうことがあって、西の門から帰ろうとしたところが、どうしても門番が入れない。いくら藩主であるとか、殿様であるとかいうても、通知がなければ入れませんと言う。仕方がないから、前に通知してあった東の門から帰りましたが、これは私のあやまちで、あとから門番を賞したことがある。藩主たるものは、よほど慎んで諸事に油断なくしていなければなりません。

『彩色美津朝』。大名家の正月儀礼を描く（国立国会図書館蔵）

殿様の行動は、厳しく規制されていた。長勲が証言するように、屋敷から外に出る場合も出入りする門は決まっていて、急に変更することはできない。あらかじめ、門番にその旨を通知しておかなければ、違う門から出ることも入ることもできなかった。

　諸事《しょじ》こんな調子だったが、一日のタイムスケジュールもきっちりと決められ、その遵守《じゅんしゅ》が強く求められた。藩主といえども、我《わ》が儘《まま》は許されなかった。

　六《む》ツ半時（午前七時）になると、小姓《こしょう》が起こしに来る。四ツ半時（午後十一時）には寝なければならない。小姓が就寝時刻になったと知らせに来るが、**まだ寝ないでいるとか、もっと旨《うま》いものが食べた**

いと言うことは許されなかったのである。

羽を伸ばした「隠居大名」――ここぞとばかりに〝江戸ライフ〟を満喫！

長勲に限らず、殿様たちは息の詰まる窮屈《きゅうくつ》な生活を江戸藩邸で余儀なくされていた。屋敷内での娯楽《ごらく》と言っても、謡曲《ようきょく》や詩作という高尚《こうしょう》なレベルのものが多く、砕《くだ》けた遊興というレベルのものではない。そのため、外出することはたいへん楽しみだった。

だが、国元にいる時とは違い、江戸の場合は、絶えず幕府の監視下に置かれていた。大目付《おおめつけ》という諸大名の監察《かんさつ》を任務とする幕府の役職もあった。

結局のところ、**現役の藩主である間は羽目を外せず、江戸在府中は藩邸に閉じこもることが多かった。**要するに、堅苦しい生活を余儀なくされる。もし羽目を外してしまうと、不行跡《ふぎょうせき》ということで処分される危険性もあった。

実際、次のような事例が見られる。

寛保《かんぽう》元年（一七四一）に、藩祖（榊原康政《さかきばらやすまさ》）が徳川四天王の一人で譜代《ふだい》名門の姫路藩主・榊原政岑《まさみね》は、吉原《よしわら》での遊興が過ぎて隠居を余儀なくされる。さらに、榊原家は姫路から越後高田《たかだ》へ〝お国替え〟となった。これは事実上の懲罰処分を意味していた。

このため、現役中は藩邸内で自重せざるを得なかったが、隠居すると、殿様たちはその反動から余暇《よか》を大いに楽しむ。**上屋敷から中屋敷へと移って悠悠自適《ゆうゆうじてき》の生活を送り、外出も頻繁《ひんぱん》になる**が、そのシンボルのような隠居大名の事例としては、大和郡山《やまとこおりやま》藩主の柳沢信鴻《やなぎさわのぶとき》が挙げられる。

あの柳沢吉保《よしやす》の孫にあたる信鴻は、安永二年（一七七三）に五十歳で隠居し、駒《こま》込《ごめ》の屋敷（現・六義園《りくぎえん》）に移り住む。以後二十年近く、気ままな隠居生活を送った。

信鴻と言うと、芝居《しばい》見物を大いに好んだ大名として当時から有名だった。早朝に駒込の中屋敷を出発して、日本橋の芝居町まで歩いて行く。夕方に幕《まく》が引くのに合わせて、駒込まで歩いて帰るということが、月に何回もあった。往復十数キロメートルの行程だが、その健脚《けんきゃく》ぶりには驚かされる。

安永八年（一七七九）の行動記録を調べてみると、八十回も外出している。浅草《せんそう》寺《じ》や神田明神《かんだみょうじん》などの寺社参詣《さんけい》をはじめ、お花見、蛍《ほたる》狩り、月見。もちろん、芝居見物もある。信鴻の江戸名所めぐりは実に多彩だった。

現役のお殿様では到底できなかった楽しみを、ここぞとばかり楽しんでいる。その日常がどれだけ窮屈だったかが、まさに滲《にじ》み出ている江戸めぐりなのである。

(三)勤番侍の江戸ライフ――全国から数十万人が〝寄宿舎生活〟

家族持ちの「江戸定府侍」と、単身赴任で江戸の事情にも疎い「勤番侍」

次は、江戸藩邸内の藩士たちの生活を見ていこう。

藩邸内の家臣は、二つに分けられる。**江戸に定住している者（江戸定府《じょうふ》）と、殿様が江戸在府中の時だけ、国元から出て来て居住している者（江戸勤番《きんばん》）**の二種類だ。

定府侍《ざむらい》には家族持ちの者が多く、藩邸外に住むことも見られたが、単身赴任の勤番侍は藩邸内に住んだ。家族持ちの定府侍とは違い、勤番侍は長屋で共同生活を送ることになっており、藩邸内の長屋とは地方出身の学生が入居する〝東京の寄《き》宿舎《しゅくしゃ》〟のようなものだった。**江戸全体で見れば、「数十万人以上の寄宿生」がいたことになる。**

勤番侍はいわば「お上《のぼ》りさん」であり、江戸の事情には疎《うと》かった。例えば、蕎麦《そば》屋に入って、盛りそばに汁《しる》を掛けて食べてしまうことは珍しくなかった。掛けそばは知っていても、盛りそばの食べ方は知らなかったのだ。

地理不案内でもあり、遠方まで江戸の名所めぐりをしようという時は、必ず連立って出かけた。一人で歩き回ることはなかった。

屋敷の近くまで来ているにも拘らず、かなりの距離があると思い込んで駕籠に乗ってしまうこともあった。駕籠かきにも勤番侍と見切られ、屋敷の周囲を三回まわって門前で降ろされる事例も見られた。もちろん、かなりの駕籠代を取られてしまうが、気付いた時には後の祭りだった。

江戸の事情に疎いゆえの笑い話だが、笑い話では済まずトラブルにまで発展することも少なくない。**市中の評判となって、どこの家中《かちゅう》の侍であるかが知れてしまうと、「殿様の名前に傷が付く」のは避けられなかった。**藩当局はその対応に頭を悩ますが、結局は外出制限を厳しくするしかなかったようだ。

こうして、勤番侍は野暮《やぼ》な田舎《いなか》侍として嘲笑《ちょうしょう》の対象となり、「浅葱裏《あさぎうら》」という蔑《べつ》称《しょう》も付けられてしまう。その羽織《はおり》の裏が浅葱木綿《もめん》（緑がかった薄い藍色《あい》）であることが多かったのが、名称の由来とされる。

〝勤番侍のトラブル〟を恐れた藩当局――厳しい外出制限と銭湯の「抜け道」

先に松山藩士・内藤鳴雪の回顧録を引用したが、それとは別に、晩年の鳴雪が口述筆記させた自叙伝《じじょ》がある。そこにも勤番侍の生活について語った貴重な証言が見られる。

常府の者の家族の外出は比較的自由であったが、勤番者は、田舎侍が都会の悪風に染まぬよう、また少い手当であるから無暗《むやみ》に使わせぬようとの意もあって、毎月四回より上は邸外へ出ることは許されなかった。その中二回は朝から暮六時まで、二回は昼八時から六時までであった。勤番者はこれを楽しみにした。彼らはその日になると目付役より鑑札を貰って出で《い》、帰るとそれを返付した（『鳴雪自叙伝』岩波文庫、二〇〇二年。以下同じ）

鳴雪は江戸定府（「常府」）の家庭に生まれた。家族持ちの定府侍が屋敷外に出るのは割合自由だったが、単身赴任の勤番侍の外出は月四回に制限されていた。他藩もそれぐらいの回数だ。四回のうち二回は朝から夕方六時。もう二回は午後二時から六時まで。**頻繁に外出させると、江戸の悪風《あくふう》に染まって身持《みも》ちを崩したり散財するのを藩当局が恐れた**からだが、それだけ勤番侍は様々な問題を引き起こしていたようだ。

藩により事情は異なるが、藩邸の門の出入りは日の出（午前六時）から日暮れ（午後六時）まで。門限は原則として暮《くれ》六ツだが、五ツ（午後八時）という事例もあった。

屋敷の外に出る時は、藩士の行動を取り締まる目付役から「鑑札《かんさつ》」（門札《もんさつ》、切手《きって》）を貰い、帰って来ると返却するシステムになっていた。この鑑札は、外出中ずっと持ち歩くのではなく、屋敷の門を出る時に門番に渡した。戻って来ると門番から受け取り、当番の目付に返却するのである。

門の出入りのための木製の鑑札とは別に、「他出札《たしゆつふだ》」という紙の札を支給される場合もあった。毎月一日に、外出可能な回数分の紙の札が渡されたのだ。

しかし、町の銭湯《せんとう》に入るため外出する場合は、回数の制限外となる。藩邸内にも有料の共同浴場があったが、鳴雪によれば勤番侍専用の風呂《ふろ》だった。松山藩の事例ではないが、熊本藩細川家では身分により入湯《にゆうとう》時間が決まっており、中小姓《ちゆう》以上は午前六時〜八時。歩士《かち》は午前八時〜正午。足軽以下陪臣《ばいしん》は正午〜午後六時。身分による時間設定は、他藩も同様だったはずである。

風呂は歴々の家の外は、自宅に無いので、邸外の風呂屋へ行った。邸内にも共用の風呂はあったが、これは勤番者が這入るので、女湯というものは無かった。だから内の家族などはいつも外の風呂へ行かねばならなかった。

屋敷内に住む藩士のなかで、重臣クラスの居宅《きよたく》には風呂が付いていた。共同長屋とは別に、風呂付の居宅を藩邸内で与えられたわけだが、父が定府侍で目付役を勤める鳴雪の場合は風呂付の居宅ではなかった。そのため、町の銭湯に出かけている。

町の銭湯に入る場合も門札を渡して外出したが、四時間以内という時間制限が課せられていた。しかし、**四時間もあれば銭湯に入った後、近隣ならば買い物などをして藩邸に戻ることは充分可能**だろう。

なお、後述する神田明神などの祭礼《さいれい》や、将軍の江戸市中御成《おなり》の時は外出が禁じられた。出火の際もすぐ藩邸に戻ることが求められ、夜間の外出は最初から禁止されていた。

〝昼間〟の芝居見物と吉原通い――勤番侍の「江戸の土産話」に欠かせない？

勤番侍が外出する際には、古参《こさん》の者が道案内することになっていた。先輩として、江戸市中の事情なども教えるのである。

鳴雪によれば、勤番侍が必ず江戸でしたことが二つあった。**①大芝居《おお》つまり江戸三座《ざ》（中村座・市村座《いちむら》・森田座）の歌舞伎《かぶき》を見ること、②幕府から唯一公認されていた遊廓《ゆうかく》吉原に登楼《とうろう》することである。この二つを経験することが、江戸の土産話《みやげ》には欠かせなかった**という。

勤番中にも度々江戸に来た者や、或る事情で一年でなく二年以上勤続した者は、古参といって、新参の勤番者に対して権力を持ち、江戸の事情を教えて注意を加えもした。新参は江戸へ来ると間もなく古参に連れられて市中を見物した。

その頃の赤毛布《ゲット》である。これらの田舎侍は大芝居の見物と吉原の女郎買は一、二回しないと田舎への土産にならぬというので、必ずしたものである。夜は外出が出来ぬから吉原では昼遊をした。吉原の昼間のお客といえばまず田舎侍であった。芝居は刎《はね》が夜に入るから一幕は見残して帰らねばならなかった。古参になるとずるく構えて、大切まで見て帰った。しかし時刻が切れるので、高い駕籠を雇うか、さなくば猿若から屋敷までひた走りに走りつづけた。たまたま履物が脱げても顧みずして走ったのである。

歌舞伎小屋は現在の日本橋に置かれていたが、天保《てんぽう》改革の時に、浅草寺裏手の浅草猿若町《さるわかちょう》への移転が幕府より命じられる。鳴雪の言う大芝居とは、浅草移転後の江戸三座を指すが、浅草から松山藩の上屋敷がある芝愛宕《あたご》下までは二里《り》(八キロメートル)はあった。

芝居を最後まで見るとなると、夜近くになってしまうが、暮六ツ(午後六時)という門限がある以上、全部は見れない。一幕を見残して帰らなければならなかったが、古参の勤番侍となると図々《ずうずう》しくなる。大切《おおぎ》りまで見た上で取って返したが、門限が迫っていたため駕籠を使ったり、履物《はきもの》が脱げてもひたすら走り続けたという。

吉原も浅草寺の裏手にあったが、夜に通うことはなかった。そもそも夜は外出禁止になっており、昼間に通うことになる。**そのため、吉原の昼間のお客と言えば、たいていは田舎侍つまり勤番侍だった。**

「赤毛布」とは、都会見物をする田舎者を指す言葉だ。明治・大正に入ってから生まれた言葉だが、江戸勤番侍はまさしく赤毛布であった。

「門限破り」は国元に強制送還のはずだが――武士は相身互いの〝お目こぼし〟

私用では屋敷の外に出ることが月数回に制限されていた勤番侍としては、数少ない外出日は制限時間いっぱいまで使いたかったはずだ。帰りが門限ギリギリになるのは避けられなかった。

こうして、門限を知らせる暮六ツ（午後六時）の拍子木《ひょうしぎ》が鳴る頃には、どの大名屋敷の門前でも、血相を変えて門内へ走り込む勤番侍の姿が見られることになる。鳴雪によれば、刀の大小《だいしょう》を肩に担《かつ》ぎ、袴《はかま》の股立《ももだ》ちを腰に挟んで裸足《はだし》で駆けつける姿だったらしい。

しかし、**門限に間に合わない者も多かった。遅れたとなると、一大事。国元に強**

制送還《そうかん》となり、長きにわたって謹慎に処せられる。これを「御門切れ」と呼んだが、実際はお目こぼしがあった。

門限は厳重ではあったが、一面には遅刻する者をかばうために、暮六《くれむつ》時の拍子木を打ってまわる仲間は、なるべくゆっくりと邸内をまわって、それから門番に報じて門をしめさせた。もう六ツの拍子木が聞えるのに、まだ某《なにがし》は帰らぬというと同僚の者は心配して、拍子木打ちの仲間に聊か銭をやって、一層ゆるゆると廻らせた。あるいは、拍子木がもう門へ行きつくという際に仲間を抱き留めて、同僚の駆込むのを待つというような事もやった。門限に全く遅れたとなると、国許へ追い帰され長い間謹慎を申附けられるのである。

拍子木を打つ侍も仲間、つまりは同僚の藩士であるから、ゆっくりと屋敷内を打って回る。回り終わると門を閉めるよう門番に命じるが、帰って来そうにもない場合は仲間に銭《ぜに》をつかませ、もっとゆっくり回らせる。

それでも帰って来ないと、拍子木を打つ者を抱き留《と》めて時間を稼《かせ》ぐ。そうこうしているうちに、外出していた藩士が駆け込んでくる。**これも仲間だ。武士は相身互《あいみたが》**

い身《み》という光景が繰り広げられたのである。

これは松山藩の事例だが、紀州藩の勤番侍・酒井伴四郎《ばんしろう》が残した万延《まんえん》元年（一八六〇）の日記（江戸東京博物館蔵）によると、その年の十一月十四日、伴四郎は寄席《よせ》に行こうと外出したが、帰りが門限の暮六ツ時どころか、四ツ時（午後十時）を回ってしまう。ただでは済まないはずだったが、門番に銭百文をつかませて屋敷内の長屋に難なく戻っている。

袖《そで》の下《した》を使ったのだが、伴四郎の日記によれば、こうしたことは一度ではなかった。紀州藩に限らず、どの藩でも同じような事例はあったに違いない。

一見、門限は厳しかったが、実際はゆるかったのである。

「江戸の天下祭を見に行きたい！」――外出禁止のタテマエと〝仮病の続出〟

江戸には将軍の御上覧《ごじょうらん》を受ける祭礼として、神田明神（現・神田神社）の神田祭と山王権現《さんのうごんげん》（現・日枝《ひえ》神社）の山王祭があった。この二つの祭礼は別格で、特に「天下祭《てんかまつり》」と呼ばれ、江戸随一《ずいいち》の人出を誇った。

しかし、それだけ人出が多いとなると、喧嘩《けんか》などトラブルが続出するのは避けられなかった。各藩の江戸屋敷では自家《じか》の藩士がトラブルに巻き込まれるのを危惧《きぐ》した。藩の名前が出てしまい、殿様の名前に傷が付くのを恐れたのだ。

そのため、藩当局は勤番侍に限らず藩士たちに対して、祭り見物には出かけないよう“外出禁止”を命じている。総じて人が集まる縁日《えんにち》の外出は禁止されていたが、実際はまったく守られていなかった。

その頃盛んな山王神田の祭などは、人が雑沓するから、もし事変に出合って藩の名が出るといかぬというので、特に外出を禁ぜられていた。そこでこの祭を見ようと思う時には、病人があるから医者へ行くと称して、門を出たものである。藩の医者は、邸外に住んでいる方が、町家の者を診ることも出来て収入が多いので、よく外に住んだ。この事は藩でも許していた。それで医者へ行くということを外出の口実にすることが出来た。だから祭の日などは俄《にわか》に邸内に病人が殖えた。芝居に行く時には朝が早いから皆病人になって行った。この事は黙許されていた。

屋敷の外に住んでいる藩医のもとに病気を診《み》てもらうという名目で、外出したの

「神田大明神御祭図」（国立国会図書館蔵）

現在の山王祭（日枝神社）

だ。祭りの日となると、祭りを見物したい者は〝仮病《けびょう》〟を使って屋敷の外に出ていく。藩当局も黙認していた。

機械的に外出を禁止すると却《かえ》ってよくないということで、病気ならばよいとしたのだ。月に数回しか外出を許可しないことへの勤番侍たちの不満が、何かの拍子で爆発するのを恐れたのだろう。**一種の「ガス抜き」**と言える対応だった。

外出の目的としては、買い物のほか髪結《かみゆ》い、寄席見物などもあった。

寄席の客層と言うと江戸庶民のイメージが強いが、江戸藩邸詰の藩士たちも実は寄席の愛好者だった。天保十二年（一八四一）の数字によれば、江戸市中の寄席の数は二百三十三軒《けん》にのぼり、落語、講談《こうだん》、手品、声帯《せいたい》模写など演目もバラエティに富んでいた。

入場料は銭十六～二十八文で、江戸庶民でも手軽に楽しめる娯楽だった。昼の部と夜の部の二回公演が通例だが、勤番侍の場合は夜の外出が禁止されており、昼の部に出かけた。

銭湯に出かけた序《ついで》に、こうした娯楽を楽しむことは可能だったが、四時間以内に戻らなければならない。そのため、ゆっくり楽しみたい場合は日数が制限されていた外出可能日ということになる。そうした事情は、遠出の物見遊山《ものみゆさん》に出かける場合も同じである。

「武士の体面」と「退屈すぎる生活」――様々な商人が大名屋敷を出入りした

長屋での生活には細かい規定があった。

大名小路沿いに上屋敷が立っていた鳥取藩の事例で言うと、高い声を出したり、謡《うたい》や小唄《こうた》に興じたり、三味線《しゃみせん》などの鳴り物を楽しむことは禁止。窓越しに買い物をしたり、水を外に捨てたり、洗濯物を窓から干《ほ》すのも禁止された。言い換えると、**こうした〝禁止対象〟となる光景が長屋内で見られた**のである。

勤番侍の長屋は江戸屋敷の壁《かべ》のような形で配置され、つまりは道路に面しており、格子《こうし》窓も付いていた。屋敷の外に出なくても、窓越しに行商人を呼びとめて買い物をしたり、汚水《おすい》を外の道に捨てることも可能だった。洗濯物を窓越しに干すのを禁じたのも、**外から丸見えになって体裁が悪いから**なのだろう。

勤番侍のなかには、格子を外してしまっている者まで見られた。鳥取藩ではそうした行為を厳禁している。

長屋で窮屈な生活を強いられ、外出も制限されていた勤番侍にとり、室内での楽

「江戸勝景 芝新銭座之図」。大名屋敷を描いた歌川広重の浮世絵（国立国会図書館蔵）

しみとは何だったのか。鳴雪によれば、囲碁《いご》・将棋《しょうぎ》そして貸本《かしほん》を読みふけることが**無聊《ぶりょう》を慰《なぐさ》める手段**だった。

勤番者は大概一つ小屋に一緒に居た。今の寄宿舎といった風になっていた。勤めも忙しくはないので皆無聊でいたが、さればとて酒を飲んで騒ぐことも出来ぬので、碁、将棋、または貸本を読んで暮した。貸本屋は高い荷を脊負って歩いたもので、屋敷でもその出入を許した。古戦記の外小説では八犬伝、水滸伝、それから御家騒動は版にすることは禁ぜられていたので写し本で貸した。種々な人情本や三馬《さんば》等の洒落本もあり、春画も持って来るので、彼らはいずれも貸本屋を歓迎した。私も子供の時に親類の勤番者の所へ行って、春画を見せられたことを覚えている。

屋敷の許可を受けてのことだが、貸本屋が屋敷内には出入りしていた。当時は本の購買層は経済力ある者に限られており、貸本屋から本を借りて読むのが一般的だった。勤番侍のように懐《ふところ》の寂しい者は、本を日常的に購入することは到底無理である。

本のレンタル料は新刊で約二十四文、旧刊で六文ほど。俗《ぞく》に、そばが十六文なので、そば代ぐらいで済む計算だ。本を購入するとなると、その数十倍の金額が必要であるため、貸本屋の需要は相当なものだった。

貸本屋が持って来る本の種類は、軍記ものや曲亭《きよくてい》（瀧澤《たきざわ》）馬琴《ばきん》の小説のほか、版本《はんぼん》にできない御家騒動もの（写本《しやほん》）など。なかでも江戸の恋愛小説ものである人情本、遊廓を舞台にした洒落本《しやれほん》、春画《しゆんが》が人気だった。

こうした種類の本や錦絵は、「武士の体面」もあって、外では立ち読みすることができない。貸本屋は、彼らの心理を充分に心得ていたわけだ。そのほか、園芸、句会《くかい》、茶会、謡なども楽しんでいる。

最後に、勤番侍の食事事情に触れておこう。

食事は自炊が基本だが、外出した時はもちろん外食となる。外出時に食材を購入して、共同生活を送る同僚と交代で食事を作っている。

藩邸つまり長屋内に出入りしたのは、貸本屋だけではない。**様々な商人が出入りし、勤番侍たちは物品を購入していた。**藩によっては屋敷内に日用品を取り扱う部署があり、一種の売店のような役割を果たした。そこでも、食材を入手しただろう。

勤番侍の「江戸ライフ」は窮屈ながらも、割合融通《ゆうずう》が利《き》いていたのである。

第二章

江戸の高級サロンだった大名庭園

——贅をつくした「おもてなし」

(二)「将軍の御成」と庭園の造成――それは政治的イベントだった！

将軍御成の〝政治的意図〟とは？――「徳川の世」を天下に知らしめる儀式

江戸在府中、幕府の役職に就いていない諸大名は江戸城に登城して将軍に拝謁したり、城内で執り行われる儀式に参列することが公務だったが、それ以外の日は藩邸内にいることが多かった。外出することは少なかったが、藩邸内でも大切な仕事があった。

将軍や同僚の大名たちを**「おもてなし」**することである。大名が集住《しゅうじゅう》する江戸は将軍や大名たちの社交空間としての顔を持っていたが、**その舞台こそ江戸藩邸であり、邸内に造成された〝巨大な庭園〟なのである。**将軍を接待するとなれば、それは幕府に対する大切な公務にもなった。

江戸時代の初め、将軍は諸大名に下賜した屋敷のうち、上《かみ》屋敷を毎年のように訪問している。**江戸城に住む将軍が城外に出ることを「御成《おなり》」**と呼んだが、御成先と

旧佐倉藩主・堀田氏の向島屋敷の回遊式庭園。かつての大名は屋敷に見事な庭を造園していた（写真提供：PPS通信社）

しては前田家や島津《しまづ》家をはじめ、有力外様大名の屋敷が多かったのが特徴である。

将軍の大名屋敷御成は二代将軍・徳川秀忠《ひでただ》の時にはじまるが、将軍が江戸藩邸を訪問した理由とはいったい何か。

徳川家が将軍つまり武家の棟梁《とうりょう》として諸大名を服従させていたとはいえ、秀忠の頃はいまだ戦国の余風《よふう》冷《さ》めやらぬ時期である。かつては豊臣家に臣下《しんか》の礼を取っていたという点では、徳川家と外様大名は同列だった。

外様大名が臣下であることを、天下に改めて示すため企画されたのが、将軍の大名屋敷御成という〝政治的イベ

ント〟なのである。

徳川家と上杉家の「固めの盃」――将軍を迎えるための〝御殿〟を突貫工事

秀忠の御成は、合わせて二十九回を数えた。家康から将軍職を譲られた慶長十年（一六〇五）五月に、姫路藩主の池田輝政《てるまさ》邸を訪問したのが最初だが、以下、同十五年（一六一〇）に執り行われた米沢《よねざわ》藩主の上杉景勝《かげかつ》邸への御成を見ていこう。

上杉謙信《けんしん》を養父に持つ景勝は、十年前の関ヶ原の戦いで家康と敵対した。関ヶ原で石田三成《みつなり》が敗北すると家康に謝罪し、会津《あいづ》百二十万石から米沢三十万石に減封《げんぽう》となる。

上杉家は徳川家に服属を誓《ちか》ったが、豊臣政権下では同じ五大老《たいろう》として同格であり、**徳川家としては、「臣下」であることを目に見える形で天下に知らしめたい大名の一人**だった。その手段として、上杉邸への御成を執り行ったのである。

この年の五月六日に、秀忠の補佐役として権勢を誇った本多正信《ほんだまさのぶ》が、上杉邸に赴《おもむ》いた。秀忠が御成する旨《むね》を伝えるためだ。

正信は家康の信任の厚い人物だが、上杉家に太いパイプを持っていた。正信の次男政重《まさしげ》が、景勝の家老・直江兼続《なおえかねつぐ》の婿《むこ》養子の時期があった程の間柄である。関ヶ原の戦いで上杉家は家康と敵対した。本来ならば改易《かいえき》される危険性も高かったが、米沢三十万石への減封で済んだのは正信の奔走《ほんそう》が背景にあった。以後、上杉家は正信との関係を強化することで家の保全をはかるが、その過程で兼続は政重を婿養子とする。後に兼続と政重の養子縁組は解消されるが、兼続つまり上杉家と正信の関係は引き続き良好だった。

翌七日、景勝は江戸城に登城し、御成をお受けすると秀忠に言上《ごんじょう》した。その後、正信の指揮のもと、御成御殿《ごてん》や御成門《もん》の建設が進む。

御成御殿とは、将軍を接待するための特別の建物である。その折《おり》には、御殿に付属した庭園も造成されたはずだ。御成門とは「将軍が御成する時だけ」開かれる門。約半年後の十二月十八日に、御成御殿や御成門が落成《らくせい》したというから、まさに突貫工事だった。

秀忠が上杉邸を訪れたのは、十二月二十五日のこと。御成御殿では、景勝から太刀、脇差《わきざし》、馬などが献上された。将軍への服従を意味する貢《みつ》ぎ物だ。

秀忠と景勝の間では、盃《さかずき》も交《か》わされた。つまり献酬《けんしゅう》だが、**まさしく主従の固めの盃である。**景勝の子の玉丸《たままる》も、秀忠から盃を賜《たまわ》り、千徳《せんとく》と改名するよう命じられた。

その後、饗応《きようおう》の膳部《ぜんぶ》が出され、併《あわ》せて能《のう》が興行された。能が終わると、茶会が執り行われた。茶会終了後、改めて饗応の膳部が出されている。

翌二十六日、景勝は改名した千徳とともに、昨日の御成への御礼を言上するため、江戸城に登城した。二十七日には同僚の大名を招き、将軍御成を受けたお祝いの饗宴《きようえん》を開いている。これをもって、御成の行事は完了する。

こうして、秀忠と上杉景勝の主従関係は天下に明示された。ほかの外様大名への御成でも、同様の儀式が執り行われただろう。**主に外様大名の江戸藩邸への御成が繰り返されることで、徳川将軍家の権力基盤は強固なものになっていく**のである。

「将軍おもてなし」が大名庭園のきっかけ？――莫大な出費を余儀なくされる

秀忠の後を継《つ》いで将軍となった三代家光《いえみつ》も、大名屋敷への御成を継続する。寛永六年（一六二九）四月二十六日に加賀藩前田家の本郷《ほんごう》上屋敷、翌七年（一六三〇）四月十八日には薩摩藩島津家の桜田《さくらだ》上屋敷を訪れている。

前田家、島津家など、トップクラスの外様大名との主従関係を明示することで、将軍の権力基盤をさらに磐石《ばんじゃく》なものにしようとはかった。

しかし、**将軍を江戸屋敷に迎えることは、当の大名にたいへんな負担を強《し》いるものであった。御成御殿や御成門の建設、そして庭園の造成となれば、かなりの時間、費用を要したのは言うまでもない。**

寛永六年四月に家光を迎えた加賀藩では、同三年（一六二六）から御成の準備に取り掛かり、現在は東京大学のキャンパスである本郷屋敷内に御成御殿を建設した。殿舎《でんしゃ》のみならず庭園（育徳園《いくとくえん》）も造成されるという大規模な土木工事であり、完成まで約三年を要した。

この時、将軍を迎えるため造られた庭園中央部に広がる池（心字池《しんじいけ》）こそ、夏目漱石《そうせき》『三四郎《さんしろう》』の舞台となる三四郎池である。

諸大名は将軍御成に際し、将軍を招くにふさわしい御殿の造成を幕府から求められた。**「将軍への敬意を示すように」というわけだが、後述の紀州藩赤坂《あかさか》屋敷内の「西園《さいえん》」に象徴されるように、さらなる庭園整備が進む原動力にもなった。**

寛永七年に家光を迎えた薩摩藩でも、御成の二年前から御成御殿や御成門の建設がはじまっている。広間・御成書院《しょいん》・数寄屋《すきや》（茶室）・能舞台・楽屋・料理所など、御殿の規模は計七百坪《つぼ》を下らなかった。天井や壁は、狩野休伯《かのうきゅうはく》・内膳《ないぜん》など幕府の

旧加賀藩本郷上屋敷の庭園（育徳園）に造られた心字池。現在は「三四郎池」とも呼ばれる

御用絵師が腕を奮《ふる》った。御成門は檜皮《ひわだ》葺《ぶき》で、彫り物も各所にちりばめられた。豪華《ごうか》絢爛《けんらん》な御殿の様子が浮かび上がってくるが、莫大《ばくだい》な出費を要したことも想像するにたやすい。

諸大名が将軍のおもてなしに要した費用だが、元禄十五年（一七〇二）四月二十六日に、五代将軍・綱吉が加賀藩本郷屋敷を訪れた時の数字が残されている。その時の経費は、**総額で二十九万八千両。朝夕で七千人分以上の膳部が用意されており、将軍に随行してきた家臣の数も数千人に及んでいたこ**とが分かる。

御成に伴《ともな》う出費が、加賀藩の財政に深刻な影響を与えることは避けられなかった。そうした事情は将軍を接待したすべての大名にあてはまるのである。

「娯楽を楽しむ場」へと変化――家光が百回以上、訪れた大名の屋敷とは？

「将軍御成」という行事は諸大名に深刻な財政負担を強いたが、家光の頃になると御成先に変化が見られはじめる。

家光の代には将軍の権威も確固たるものになり、諸大名との緊張関係もゆるんできたからだ。幕府としては、将軍御成を頻繁に執り行わずとも済むようになる。つまり御成までして主従関係を確認する必要もなくなり、外様大名への御成の数は激減した。莫大な負担を強いられる、外様大名への配慮もあったかもしれない。

しかし、御成自体の数が減ったわけではない。その数はむしろ増えており、**家光の大名屋敷御成の回数は約三百回にも及んだ。**

といっても、**御成先の大半は寵臣《ちょうしん》の譜代大名の屋敷**だった。ダントツの御成先は小浜《おばま》藩主・酒井忠勝《ただかつ》邸であり、百回以上にのぼる。次いで、家光に殉死《じゅんし》したことで知られる堀田正盛《ほったまさもり》邸（七十七回）、家光の剣術の師・柳生宗矩《やぎゅうむねのり》邸（三十二回）の順である。

外様大名の屋敷を訪問した時のように、贅《ぜい》の限りをつくしたおもてなしを受けるのではなかった。自ら相撲《すもう》や乗馬などを楽しみ、また花火や踊《おど》りを見物するなど江戸城内では味わえない楽しみに浸《ひた》ったのだ。

御成と言っても正式の御成ではなく、鷹狩《たかが》りのため城外に出た際に立ち寄るという形が取られた。午後になって立ち寄る事例も多く、滞在時間も短かった。約三百回の御成の大半がそんなスタイルだった。

幕府権力の安定化に伴って、政治的な意図が込められていた「将軍御成」は主従の固めの場から〝娯楽の場〟へと、その性格を変化させる。江戸の大名屋敷は、江戸城内で堅苦しい生活を強いられた将軍が無聊《ぶりょう》を慰める場となっていくのである。

(二)殿様がホスト役を勤める「おもてなし」——必須の社交活動

紀州徳川家の名園「西園」——御三家の殿様は、幕臣をどうもてなしたか?

加賀藩の本郷上屋敷に象徴されるように、将軍御成は大名屋敷内に庭園が造成されるきっかけとなったが、将軍だけが大名屋敷を訪れたのではない。というよりも、同僚の大名が訪問することのほうがはるかに多かったが、その際に庭園は大いに活用される。

江戸藩邸の庭園を、他家の大名が訪れた記録は数多く残されている。**庭園で饗応することが、江戸の大名社会では〝必須の社交活動〟と受けとめられていた**からである。お殿様自ら庭園を活用しながら、「おもてなし」に励《はげ》んだ。

江戸藩邸を訪れた者は、将軍や大名ばかりではない。幕臣も訪れているが、**紀州徳川家の殿様が幕臣(旗本)相手に〝ホスト役〟を勤めた貴重な事例**を以下紹介していこう。

紀州藩の上屋敷は麴町《こうじまち》にあったが、殿様が住んでいたのは赤坂の中《なか》屋敷のほうだった。紀州藩は、麴町上屋敷と赤坂中屋敷を藩主の住居として併用していたが、文政六年（一八二三）の火事で麴町屋敷が焼失したことを機に、赤坂中屋敷が上屋敷としての機能を果たすようになる。殿様が常住したのだ。

赤坂屋敷には、尾張藩戸山下屋敷《とやましも》の戸山荘《そう》、水戸藩小石川《こいしかわ》上屋敷の後楽園《こうらくえん》と並び称された「西園」という庭園があった。この西園も、将軍や大名を接待する場として大いに活用されている。

この時期、西園の整備が大いに進む。文政十年（一八二七）九月に十一代将軍・家斉《いえなり》が赤坂屋敷への御成を行ったが、その準備過程で整備が進んだのである。

当時の藩主は徳川斉順《なりゆき》で、家斉の七男だ。最初は徳川御三卿《ごさんきょう》の一つ清水《しみず》徳川家に養子に入ったが、文政七年（一八二四）に第十一代紀州藩主となる。麴町屋敷が焼失した翌年にあたる。

斉順が紀州家を継いだのを受けて、父の家斉が赤坂屋敷に御成となったのだろう。ちなみに、この斉順の子が十四代将軍となる家茂《いえもち》である。

西園には数多くの見所があるが、その一つに「**長生村**《ちょうせい》」というスポットがあった。**この村に入ると、本当の村に居《い》るかのような錯覚に陥《おちい》ったという。**そこにある古井戸の水を飲むと長寿になる、という言い伝えから長生村と命名されたらしい。

西園では、殿様自らホスト役を勤めることがあった。日々堅苦しい生活を送っている殿様にとっても、これは楽しみだったようだ。

西園内〝長生村〟での心憎い趣向――今まで村人が生活していたかのよう?

赤坂屋敷内の西園の訪問記を著《あらわ》した人物がいる。当時、清水徳川家の御広敷《おひろしき》御用人を勤めていた村尾正靖《むらおまさやす》だ。

年次は不明だが、正靖は斉順の招待を受けて西園を訪れている。季節は春だった。

御広敷御用人とは、御殿の奥向きの御用を勤める者のことである。正靖は清水家当主時代の斉順と接触があったらしい。招待を受けたのは正靖たち十人ほどである。

お昼前に赤坂屋敷に入った正靖たちは、まず御殿に入っている。御殿でお昼（一汁《じゅう》三菜《さい》）を頂戴した後、未《ひつじ》の刻《こく》（午後二時）近くに斉順の御前へ召《め》し出された。斉順に拝謁した後、庭園内を回遊したが、その景勝《けいしょう》に感嘆する。

正靖たちは、庭内の見所の一つ長生村に入っていった。村といっても、農民は一人もいなかった。**しかし、農家に入って見ると、今まで誰かが居たかのような雰囲気があった。**そこで、正靖が以下のような光景を目にする。

囲炉裏《いろり》では薬缶《やかん》の湯がたぎり、串《くし》に刺された川エビや小魚があぶられていた。焼き豆腐《どうふ》、芋《いも》、大根などが鍋《なべ》で煮られたまま残されていた。その横には、包丁やまな板などが置いてあった。**「農民の生活感」が滲《にじ》み出ている空間だが、紀州藩の演出である。**

土間《どま》の入口を見ると、大根、タケノコ、ゴボウ、ふき、ワラビなどが入った荷籠《にかご》が、明日の出荷に備えて置かれていた。農家のなりわいの様子も再現されている。家の前の畑には、菜《な》の花や春菊《しゅんぎく》の花が咲き、芋も植えられていた。

長生村を出た正靖たちは、鳳鳴閣《ほうめいかく》という茶亭《ちゃてい》に向かう。そこで、斉順が待っていたのだ。

正靖たち招待客は、毛氈《もうせん》が敷かれた板縁《いたえん》に着座した。この茶亭で、斉順をホストとする酒肴《しゅこう》の席がはじまる。

豪勢な料理と「殿様直々」のお酌――いたるところに〝感動〟を高める工夫

当日のメニューは以下のとおりである。

御茶の後、鯛《たい》のお吸い物が出された。本膳《ほんぜん》は、ひらめの刺身《さしみ》、くわい、玉子、甘露梅《かんろばい》など。

酒も出されたが、酔《よ》いが回ってきた頃、焼き豆腐・芋・大根が煮られた鍋が届けられてきた。**さきほど、長生村の農家で正靖たちが見た鍋である。**皿に盛り付けられ、各自の前に出された。だから、前もって調理されていた様子を見せたのだ。

食事が一通り済むと、いよいよ、お殿様の出番となる。

最初、正靖たちにお酌《しやく》をしていたのは、紀州藩士たちである。数献《こん》重ねた後、招待客のうち木村次郎太郎という者から、斉順の御前に進み出た。**斉順は手づから、御銚子《おちようし》を持ってお酌している。最高のおもてなし**といったところだろう。

正靖の番となった。

紀州藩用人の筒井内蔵允《つついくらのすけ》からは、斉順のお酌なのだから当然の礼儀として一盃《いっぱい》は呑《の》み干すように、と声が掛かった。しかし、斉順は正靖に対して、酒があまり呑めない者に無理強いはしないと言葉を掛け、少ししか注《そそ》がなかった。

実は正靖は酒に弱かったが、そのことを斉順も覚えていたのだ。斉順の心遣《づか》いに、正靖は感激する。

将の言葉一つで、感激した士卒《しそつ》が一命を捨てる例は古来少なくないが、まさにこれだというのだ。感涙《かんるい》に堪《た》えない気持ちを込めた一句も詠《よ》んでいる。

身にあまる かたしけなさを 思ふにそ まつほろほろと 涙落《なみだおち》けり

その後も、焼いた鯵《あじ》、長生村の囲炉裏で串焼きにされた川エビが出された。酒が呑めない者には御飯が出された。お腹がいっぱいになると、茶菓子《がし》である。お菓子は羊羹《ようかん》・饅頭《まんじゆう》・紅梅餅《こうばいもち》の三品だ。江戸の高級料亭に勝《まさ》るとも劣らない食事の数々であった。

最後に、さきほどの農家で見た、大根・ゴボウなどが入った荷籠が届けられ、お土産として各自頂戴した。至《いた》れり尽《つく》せりの饗応である。その上、お殿様からもお酌してもらったわけであるから、その感動は正靖にとり言葉では言いつくせないものだった（村尾嘉陵《かりよう》「嘉陵紀行」『江戸叢書《そうしよ》』一、江戸叢書刊行会、一九一六年）。

こうした光景が紀州藩に限らず、各江戸藩邸内の庭園で展開された。**庭園の景勝を楽しんでもらうだけでなく、食事をセットとした「おもてなし」により、その感動を高める工夫が施《ほどこ》されていた**のである。

(三)御庭拝見に秘めた意図——殿様から〝特別の許可〟を与える

藩士たちの「御庭拝見」希望者の殺到——主君の〝ありがたみ〟を感じる装置

江戸藩邸内の庭園が社交空間として活用された様子を見てきたが、庭園は外に対してだけ開かれたのではない。大名家内部、つまり藩士たちにも開かれていた。ただし、その目的は異なる。藩士たちは自由に見学できたわけでもなかった。**同じ屋敷に住んでいながら、長屋に住む藩士たちは、殿様の庭園に自由に入ることができなかった。入園にはその許可を得る必要があった。**

その分、庭内を見たいという気持ちは高まっただろう。いわば〝限定〟という付加価値が付くことで、庭園の魅力や価値がアップした。

庭園の見学を特別に許可することで、「主君のありがたみ」を感得《かんとく》させようという藩当局の思惑があったのだ。主君からの恩恵というわけである。そうした事情は、居城内の庭園拝見《はいけん》の場合も同じだった。

それも、単に見学させるのではない。その際には、「拝見」という言葉が使われた。忠誠心を喚起《かんき》させるための手段として、勿体《もったい》ぶって見学させたのである。**主従関係を再認識させる場として庭園が活用される**ことで、御庭拝見は藩の公的な行事としての意味合いを強めていく。

ついには、拝見を許された者が「拝見記」を記述するようになる。その記録を読んだ者の心に庭園を拝見したいという気持ちが自然と沸《わ》き上がり、庭園の魅力や価値がさらに高まったのは想像するにたやすい。

ただし、藩士すべてが御庭を拝見できたわけではなかった。

前項で見た、紀州藩赤坂屋敷内の西園を拝見できるのは、**原則として「江戸勤番侍」に限定されていた。**拝見したい旨を願い出た上で許可された。殿様の御供《おとも》で一年間しか江戸藩邸に住まなかったことが考慮されたのだろう。

拝見を許可されたのは、藩士だけではない。その子供も拝見を許されたが、そこには藩当局の深謀遠慮《しんぼうえんりよ》があった。

西園内には稲荷社《いなりしや》や秋葉社《あきは》など数多くの社《やしろ》が祀《まつ》られていたが、毎年二月初午《はつうま》の稲荷社祭礼と十月頃の秋葉社祭礼の時に、家臣の子供で十五歳以下の男子に御庭拝見を許すのが恒例《こうれい》となっていた。

二月の最初の午の日は初午と言って、お稲荷さんのお祭りが盛大に開かれるのが習いだが、それにかこつける形で御庭拝見を許可したのである。秋葉社祭礼の時も同じだ。

この場合も、紀州藩では殿様からの恩恵として拝見を許可した。**「家臣予備軍」の段階から、庭園を介《かい》して忠誠心を刷《す》り込もうという意図が秘められていた。**こうした光景は、紀州藩のみならず他藩でも見られたはずだ。

大名庭園は、家臣団統制のための〝巧妙な装置〟として機能していたのである。

拝謁場所に「格差」をつける――家臣の序列が〝視覚化〟される特別な空間

現在、都立庭園となっている**名園・六義園《りくぎえん》**は、かつては大和郡山《やまとこおりやま》藩主・柳沢家が所持する駒込中屋敷内の庭園だった。五代将軍・徳川綱吉とセットで語られることの多い柳沢吉保《よしやす》が藩祖であり、その孫にあたるのが、前章でも登場した柳沢信鴻《のぶとき》である。

安永《あんえい》二年（一七七三）に藩主の座を子の保光《やすみつ》に譲ると駒込屋敷に移り住むが、隠居後の信鴻は、六義園の整備に非常に力を入れる。充実した余生を送りたいという願望からではあったが、**六義園は藩士に対して「拝見」を許可した庭園でもあった。こうした庭園の使われ方を抜きにして、信鴻による整備事業は理解できない。**

隠居後二十年近く、信鴻は六義園内で生活する。日々の様子を日記（「宴遊《えんゆう》日記」「松鶴日記」『日本庶民《しょみん》文化史料集成』十三）に書き残したが、その日記を読み進めていくと、六義園拝見に関する記述を数多く見つけることができる。

大和郡山藩では、江戸勤番の藩士が六義園の拝見を許されるのは慣例となっていた。既に信鴻は殿様ではなく、六義園は「殿様の庭園」でなかったが、拝見を許可した意図が、**「柳沢家」に対する忠誠心の喚起**にあったことは想像するにたやすい。

御庭拝見の記事が最初に登場するのは、信鴻が六義園に移り住んでから四日後の安永二年五月二十七日の項である。以後、御庭拝見の記事が多出する。

安永四年（一七七五）には、三十九件もの拝見の記事がある。九月五日、信鴻は

現在の六義園（旧大和郡山藩柳沢家の駒込中屋敷の庭園）

四名の藩士に庭の拝見を許したが、そのうちの三人は江戸勤番のため郡山から江戸に出府《しゅっぷ》してきた藩士たちだった。

まず、藩主・柳沢保光のお供で参府《さんぷ》した藩士・山岸惣兵衛《そうべえ》に、庭を拝見させている。庭を見せただけでなく、庭での謁見も許した。

続けて高橋伝治にも庭を拝見させたが、伝治に対しては六義園内の御殿の「奥《おく》」で謁見し、扇子《せんす》と煙袋《えんたい》を下賜している。**庭での謁見組である惣兵衛よりもはるかに厚遇であり、感激したはずだ。**その分、藩に対する忠誠心は増しただろう。

三人目の長沢牛右衛門は、御殿内の「表《おもて》」での謁見組。惣兵衛よりも厚遇だが、「奥」での謁見組である伝治のほうが厚遇だった。

御殿は「表」と「奥」の空間に大別《たいべつ》されるが、奥まった部屋での謁見のほうが信鴻との距離は近く、それだけ厚遇だった。

江戸の武家社会は、将軍や大名をトップとする〝厳格な序列《じょれつ》社会〟である。序列を守ることで、つまり格差を付けることで、社会体制が維持された。

御殿における主君への拝謁は〝序列が視覚化〟される空間だが、それゆえに主君への距離が近づくことを家臣（藩士）は望む。近づけば近づくほど忠誠心が喚起されるが、殿様の住む御殿だけでなく、庭園も同じ機能を果たす舞台だったことが分かる。

御庭拝見後の拝謁場所に格差を付けることで、藩内における序列を明示し、「奥」での謁見組をしてさらなる忠誠心を喚起させたのである。

●「雨でずぶ濡れ」の御庭拝見――忠誠心を高めるどころか〝有り難迷惑〟？

では、御庭拝見とは具体的にどんなものだったのか。拝見の栄誉に浴《よく》した者が残した記録から再現してみる。

前章でも登場した紀州藩の勤番侍・酒井伴四郎《ばんしろう》が残した万延元年（一八六〇）の日記によると、同年十月六日に伴四郎は、同僚八人と赤坂屋敷内の西園を拝見している。江戸勤番であるため拝見資格はあったのだ。

まず、伴四郎たちは庭内の洗心亭《せんしんてい》で、藩主・徳川茂承《もちつぐ》に拝謁する。平伏しているところに、茂承がお出ましとなった。殿様は立ったままである。

その後、顔を上げて御挨拶という段取りだったが、顔を上げて茂承の顔を正視《せいし》することは許されなかった。この時代、家臣が殿様の顔を正視するのは非礼《ひれい》だったからだ。

介添《かいぞえ》役の用人・馬場源右衛門からは伴四郎たちに、「面《おもて》を上げよ」という趣旨の言葉が掛けられた。顔を上げる振りをして恐れ入るのが御決まりなのだが、伴四郎は運良く茂承の顔を拝見できた。ちょうど、茂承が自分の前に立ってくれたようだ。

拝謁後、伴四郎たちは西園の各スポットを見て回った。筆紙《ひっし》に尽くしがたいほど素晴らしい。見所も多く、二度や三度拝見したぐらいではとても覚え切れないと絶賛する。庭内の茶屋では、お茶や煙草盆《たばこぼん》を賜った。殿様からの拝領（記念）品だった。

東京湾岸にある旧芝離宮恩賜庭園（江戸時代は紀州藩芝屋敷の庭園）

　こうして、殿様への忠誠心が家臣たちの心に再生産されていくのだが、伴四郎の場合、話はこれで終わらなかった。

　同じ月の十九日、今度は紀州藩芝《しば》屋敷の庭園を拝見している。**海に面した絶景の庭園だった。現在の旧芝離《しばり》宮《きゅう》恩賜《おんし》庭園のことである。**

　この日は、殿様への拝謁予定はなかった。庭園を拝見するだけだったが、運悪く天候が最悪で、雨や風が強かった。その上、伴四郎は風邪気味だった。

　ずぶ濡《ぬ》れになりながら、伴四郎たちは御庭拝見に臨《のぞ》んだ。傘《かさ》を差せばいいわけだが、藩当局の許可なくして、傘を差すことはできない。殿様からの恩恵として御庭の拝見を許された以上、傘を差して拝見するのは非礼ということなのだろう。

しかし、ずぶ濡れとなった伴四郎としては、これでは有り難《がた》みが半減どころか、まったくなくなってしまった。忠誠心が喚起されるどころではなかった。

庭園は素晴らしく、晴天で拝見できたならば、ここで死にたいほどの感激だったろうと日記で書き記《しる》している。ほとんど皮肉であり、やり場のない気持ちが伝わってくる内容であった。

激しい風雨にさらされた伴四郎だが、冷たい海風は風邪気味の体にはこたえた。**江戸湾に面した「海辺の庭園」であることが却《かえ》って仇《あだ》となり、風邪も悪化させてしまう。**

ほうほうの体《てい》で芝屋敷を出た伴四郎たちは、その後、蕎麦《そば》屋に入っている。寒さ凌《しの》ぎのため、掛けそばを食べたが、伴四郎は鶏鍋《とりなべ》を注文し、酒も二合《ごう》呑んだ。風邪気味であるため、他の者よりも雨中での御庭拝見がこたえた。その席では、今日の御庭拝見の愚痴《ぐち》が飛び交ったことだろう。

伴四郎たちは蕎麦屋で体を温め、その勢いを借りて長屋に戻るつもりだったが、少し歩いただけで、寒さのため酔いは醒《さ》めてしまった。酒の効き目はなかった。

そのため、まぐろのあらと酒を三合買い、長屋で飲み直そうとした。ところが、今度は赤坂屋敷に近い紀伊国《きのくに》坂で傘を壊し、再びずぶ濡れになってしまう。

伴四郎は長屋で飲み直したが、今日の出来事を思い出すと腹が立ってきてならなかった。風邪の症状も悪化していたため、やけ酒となる。**決して公言できなかったが、今日の御庭拝見とは〝有り難迷惑〟以外の何物でもなかった。**

やり場のない怒りで痛飲《つういん》し、いつしか寝てしまう。ただし、酒のお陰でたくさんの汗をかいた。次の日の日記を見ると、風邪の症状も多少和《やわ》らいだが、前日以来のやり場のない気持ちはなかなか消えなかったようだ。

御庭拝見とは、家臣の忠誠心を喚起するための紀州家の重要な儀式だった。伴四郎にしても風邪気味ぐらいで休むわけにもいかなかったが、**「雨中の拝見」**とは想定していなかった。

いずれにせよ、御庭拝見が忠誠心喚起という目的を果たし得なかったことだけは明らかである。紀州藩にとっては大きな誤算だった。

第三章

「御用達の座」をめぐる争い

――生活物資の納入から汲み取りまで

(二)「江戸の台所」にいた御用達商人——生活用品から食品まで

御用達商人の町「日本橋」——三百諸侯の〝江戸藩邸〟の生活物資を担う

本書の冒頭（「はじめに」）で触れたように、**参勤交代制のため諸大名（藩）の〝年間予算の半分以上〟が江戸藩邸での生活費として消えていた**が、三百諸侯の江戸藩邸そして将軍の住む江戸城に出入りして生活物資を納入した**御用達商人**《ごようたし》は、日本橋に店を構《かま》えることが多かった。

なぜ、日本橋に御用達商人が集中していたのか。

日本橋と言うと、その上に架《か》かっている高速道路の取り払いをめぐって何かと話題だが、別に橋だけを指す言葉ではない。**この時代、日本橋とは「江戸の台所」**《だいどころ》**を支える商人町を指す言葉でもあった。**

この辺りは、かつて低湿《ていしつ》地帯だった。江戸城のすぐ近くにまで江戸湾が迫っていたが、徳川家康が江戸城を拡張して城下町を造成する過程で、排水と埋立《うめたて》工事が大規模に実施される。水運に資《し》するための堀《ほり》などの水路を開鑿《かいさく》するとともに、掘り出された土で日本橋などの市街地が造成された。

こうして、水路が縦横《じゅうおう》に走る「水の都《みやこ》」江戸の原型が誕生する。**百万都市・江戸の台所を賄《まかな》うだけの生活物資を江戸に運び込んで市中に流通させる際、大量の物資を運べる水運は、不可欠のツールだった。**

家康は江戸城周辺に徳川家臣団を集住《しゅうじゅう》させて城の守りを固める一方、城と江戸湾の間に位置する日本橋地域には、徳川家とその家臣団に物資を供給する商工業者を集めた。江戸湾まで送られてきた物資を陸揚《りくあ》げして江戸城に運び込む際、日本橋は絶好の立地環境だ。だからこそ、市街地を造成して商人たちを住まわせ、御用達としたのである。

ここに、日本橋の商人町としての歴史がはじまる。

家康が天下を取って将軍の座に就くと、諸大名は江戸城周辺で屋敷を下賜される。参勤交代が制度化されると、日本橋の御用達商人の役割はさらに大きくなる。

参勤交代により、諸大名は江戸での一年間の生活を義務付けられたが、殿様と家臣たちが消費する生活物資のすべてを領内で調達できるわけではない。わざわざ、江戸に運んでくるわけにもいかない。

よって諸大名は、徳川家と家臣団に生活物資を供給していた日本橋の御用達商人への依存度を高めていく。運送費が節約できるメリットもあった。**総計五十万人にも達する武士たちが消費する生活物資となれば、膨大《ぼうだい》な量となる**ことは言うまでもない。その結果、諸大名の年間経費、つまり歳出《さいしゅつ》の半分以上が江戸で消えるのだ。

加賀藩や土佐藩などは六〜七割。秋田藩や越後長岡《ながおか》藩、備中《びっちゅう》松山藩などに至っては、歳出の四分の三前後が江戸で消えた。

参勤交代の制度が、江戸の町にもたらした〝経済効果〟には計《はか》り知れないものがあった。

現代に言い換えると、県など「地方自治体の予算」の半分ものお金が江戸（東京）に落ちた。総地方自治体の予算の半分が、江戸で執行された。

それだけ、出入りの御用達商人が利益を上げていた。こうして、地方の富の多くも、日本橋の御用達商人が掌中《しょうちゅう》に収めるのである。

「大名家御用達」という高級ブランド——〝江戸のガイドブック〟に店名が載る

諸大名の江戸屋敷に出入りして生活物資を納入した御用達商人は、**出入りしていることを看板《かんばん》に店の信用価値を高め、経営を拡大させていった。**

江戸城への出入り、将軍家御用達の地位を獲得できればさらに箔《はく》が付き、大名家御用達以上のステータスを獲得できた。八百万石と称される日本最大の大名であるから、その実利は大きかった。

しかし、将軍家御用達の地位を得るのは、並大抵《なみたいてい》のことではない。当然ながら競争は激しかった。大名家に出入りするのにもライバルはいたが、江戸城に出入りするほどの競争ではない。

いきおい、商人は江戸藩邸への出入りを目指すが、そこでも御用を獲得するための熾烈《しれつ》な参入合戦、つまり工作費という名の賄賂《わいろ》は欠かせなかった。

商人たちが納入した生活物資としては、食料品はもちろんのこと、武具や馬具《ばぐ》といった武士の必需品、呉服《ごふく》などの衣料品、簞笥《たんす》などの調度《ちょうど》品なども挙げられる。

文政七年（一八二四）に、『**江戸買物独案内**《ひとり》』という版本が出版されて好評を博《はく》した。この書籍は、**江戸の商人や職人の名前が記された業種別の名鑑《めいかん》・ガイドブック**で、江戸に不案内な者でも、この名鑑を繰《く》ればどこにどんな店があるかが分かるという優《すぐ》れものだった。

図2　『江戸買物独案内』に収録された商標図（国立国会図書館蔵）

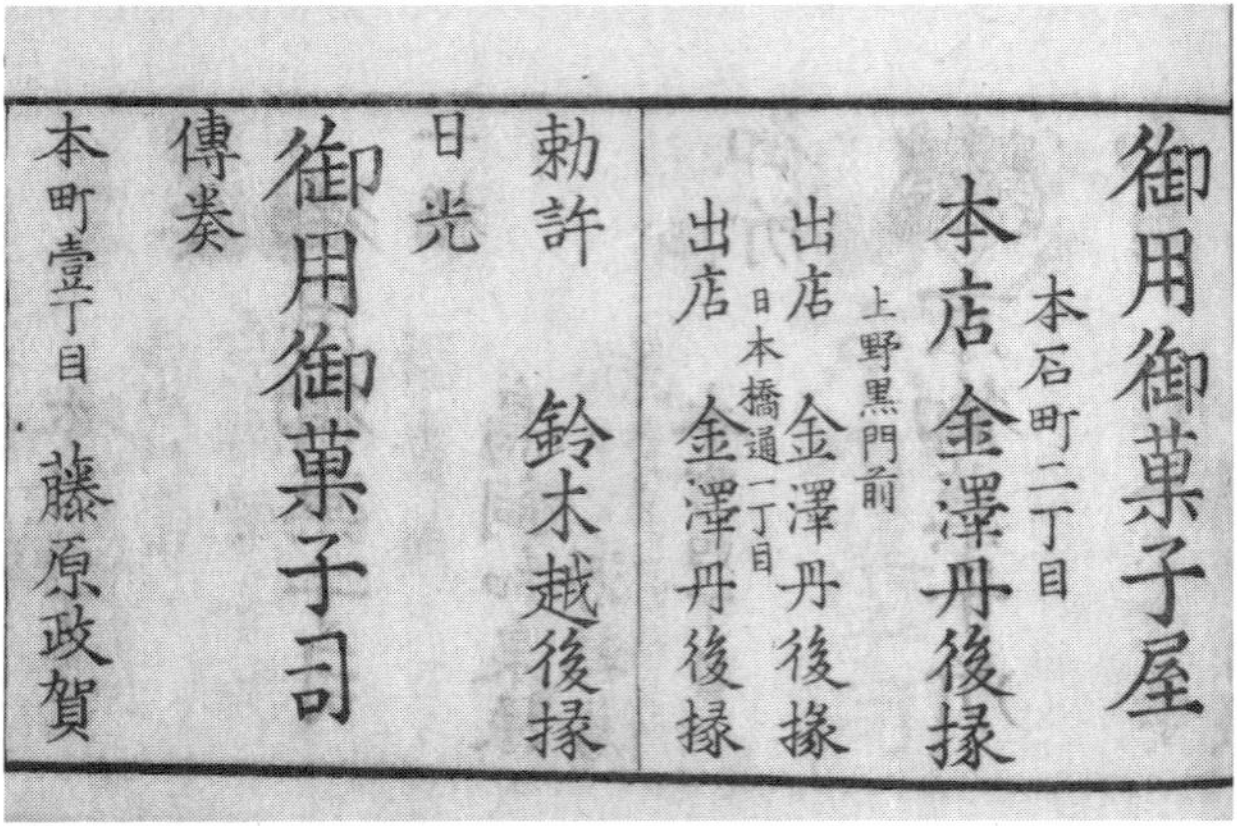

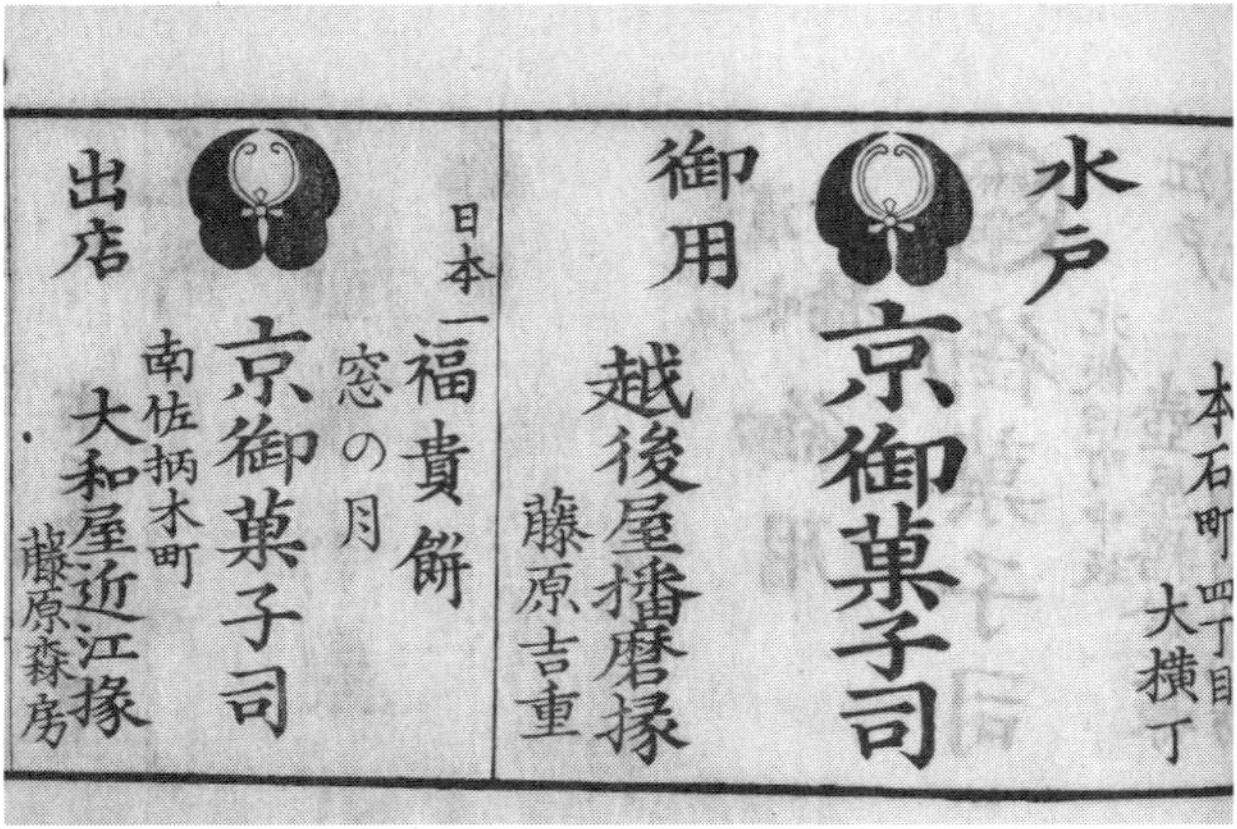

図2は、その一部である。後述する菓子屋の金澤丹後掾《かなざわたんごのじょう》は「御用御菓子屋」と表記されている。これは、幕府（江戸城）御用達を勤めているという意味だ。その下の越後屋播磨《はりま》掾には、「水戸御用」の表記が見られる。水戸藩御用達として京《きょう》菓子を納める菓子屋ということである。

将軍でなくても、大名家の御用達とあれば、消費者心理としては、その店で購入しようということになるだろう。その心理を狙って、商店側はガイドブックに名前を載《の》せた。もちろん、無料ではなく有料広告だった。

ブランドで商品が選択されていた様子が想像できるが、大名家の屋敷に出入りすることのメリットは、こんなところにもあった。

御茶と畳の「巨大なマーケット」——御用を請け負えば、巨利が約束される！

続けて、江戸藩邸などに出入りした日本橋の御用達商人を紹介していこう。

現代はいろいろな飲み物があるが、この時代の日常的な飲み物と言えば、**お茶が唯一無二《ゆいいつむに》だ。その消費量たるや、今では想像もできないほどである。**その御用を請け負えれば巨利《きょり》が約束されることになる。

現在、日本橋に山本山《やまもとやま》という老舗《しにせ》がある。その歴史は、初代・山本嘉兵衛《かへえ》が元禄三年（一六九〇）に出店し、お茶（宇治《うじ》茶）や紙類を商《あきな》ったことにはじまる。以後、経営を拡大し、文化十三年（一八一六）には江戸城本丸つまり徳川将軍家や一橋徳川家の御用達を勤めるに至る。文政十三年（一八三〇）からは、次期将軍が住む江戸城西丸《にしのまる》御殿や田安《たやす》徳川家、清水徳川家の御用達、そして寛永寺《かんえいじ》の御用達までも勤めた。

徳川家や将軍の霊廟《れいびょう》がある寛永寺に出入りして御茶を納入していることが広く知られれば、自然と店の信用は高まる。売り上げにもプラスとなり、さらなる経営拡大も期待できたはずだ。

この時代のフォーマルな衣服と言えば、何と言っても呉服である。呉服の需要も、現代とは比較にならないほど大きかった。三井越後屋、下村大丸屋《しもむらだいまる》、大村白木《しろき》屋が代表的な呉服店として挙げられる。これらの大店《おおだな》は、江戸城の御用達も勤めていたが、諸大名の江戸屋敷にも出入りした。

現代の住環境では洋室が和室の数を圧倒しているが、**当時は和室、つまり畳敷《たたみじき》が当たり前で、畳も巨大なマーケットだった。**定期的に表替《おもてが》えすることも必要であり、その需要は大きかった。

「下村呉服店之図」。看板には「呉服物品々 下村大丸屋」と書かれている（国立国会図書館蔵）

文化六年（一八〇九）の数字によれば、水戸藩では江戸藩邸に加えて菩提寺《ぼだいじ》の畳まで含めると、その数は九千五百四十九畳《じょう》半にものぼった。その主な内訳は、表御殿《おもてごてん》（公的儀式の場）と役所分が二千四百六十六畳半、中奥《なかおく》（殿様の生活の場）が九百十五畳半、奥《おく》御殿（殿様の寝所など）が五百七十一畳だが、いずれにせよ畳のマーケットの大きさがよく分かる数字だ（『近世史料 国用秘録《ひろく》』下、茨城県、一九七一年）。

水戸藩は、徳川御三家として別格の大名である。建物も大きく、所持している屋敷の数も多かった。しかも、**大名の数は三百人近くいるわけであり、総数で見れば畳の数量はそれ以上の莫大な数字となるのは言うまでもない**。

江戸城に至っては、本丸御殿の規模は一万坪以上であった。さらに、江戸に住む幕臣の数は三万人を超えており、その屋敷にも畳はある。

定期的な表替えだけでなく、火事のような不慮《ふりょ》の災害があれば新しい畳が必要となる。**江戸は火事が多い町であり、その分、畳の需要は拡大する。**畳の需要にしても、現在では想像がつかないほどの規模だった。

幕府から「数万個単位」での注文？――ビッグビジネスだった〝お菓子御用〟

御茶や呉服、そして畳は日本文化のイメージが強いが、**和菓子**もそれに加えることができるだろう。この時代、和菓子のマーケットも実に大きかった。

江戸城や諸大名の御用達を勤めた菓子屋として、先の『江戸買物独案内』にも名前があった金澤丹後掾がいる。江戸でも屈指《くっし》の大店で、日本橋本石町《ほんごくちょう》に本店を構えた。まさに日本橋の御用達商人である。江戸城や諸大名の江戸藩邸のみならず、寛永寺や増上寺《ぞうじょうじ》にも出入りしてお菓子を納めた。

だが、納入したのはお菓子だけではない。**赤飯《せきはん》や鏡餅《かがみもち》・菱餅《ひし》、そして蕎麦やうどんの注文もあった。現在でも、和菓子屋が赤飯などを販売する例は珍しくないが、金澤家が請け負った量は半端ではない。**

万延元年（一八六〇）六月、幕府は職工たちに折詰《おりづめ》にした煮染《にし》め入りの赤飯を配っている。ちょうど、前年に焼失した本丸御殿の再建中であり、それに従事していた関係者に配られたが、**その数はなんと三万人分**。金澤家としては下請けや孫請《まご》けの業者を総動員することで、その御用を果たしたのだろう。

和菓子にしても、将軍の御台所《みだいどころ》が寛永寺や増上寺に参詣する時には、お饅頭《まんじゅう》の注文が大量に入った。**その数は四～五万個**。金澤家が請け負っていたお菓子ビジネスの大きさがよく分かる数字である。

次ページの表1は、慶応二年（一八六六）時の金澤家の江戸城や江戸藩邸への出入りの様子をまとめたものである。城内で消費される菓子や、将軍に献上される菓子の納入を請け負った様子が分かるが、火事の時には次のような御用を幕府に対して勤めているのが興味深い。

あまり知られていないことだが、**江戸藩邸が火事に遭った際、幕府は見舞いの品として白飯を下《くだ》すのが慣例だった**。その実務を担ったのが金澤家なのである。

これだけのビッグビジネスである以上、その利益は莫大なものとなる。言い換えると、ライバルの菓子屋はその利権を〝鵜《う》の目鷹《たか》の目〟で狙っていた。金澤家もそのことはよく分かっていた。

表1　金澤家の諸家出入り一覧（慶応2年）

月　日	出入りの様相
慶応2年（1866）	
1月10日	浅野家屋敷の類焼につき、見舞い（粕漬け１折）
4月10日	土井家賄所に見舞い
14日	水戸徳川家屋敷に出向く
5月18日	尾張徳川家の法事に盛菓子納入
6月2日	前田家屋敷に出向く
7月12日	上野寛永寺霊屋への納品
15日	水戸家屋敷に出向く
8月2日	一橋徳川家屋敷に出頭し、納入品の御膳と三河餅の不調法をお詫び
12日	前田家より、将軍への献上品（干菓子）納入
14日	前田家台所への納品
9月2日	江戸城西丸賄所に、白飯詰御用のため出頭（中陰中御用）
5日	江戸城大手門御茶部屋に、干菓子納入
6日	江戸城常盤橋門台所御用のため、干菓子・蒸菓子納入 高松松平家から、将軍への献上品（松風・求肥飴）納入
7日	江戸城本丸賄所御用のため出向く
12日	水戸家から将軍への献上品納入御用のため、水戸家屋敷に出向く
15日	江戸城大手門台所へ出向く
11月4日	江戸城西丸賄所から、紀州徳川家への火事見舞い品（白飯）納入
11日	西丸から、津山松平家などへの火事見舞い品（白飯）納入
14日	本丸から、津山松平家などへの火事見舞い品（白飯）納入
17日	浅野家への火事見舞い品（白飯）納入
25日	将軍・家茂法事用の盛重など納品
12月10日	上野寛永寺に切餅折など納品
18日	寛永寺内寒松院に火事見舞い（蒸菓子）
大晦日	江戸城西丸、一橋家、島津家に鏡餅納品

『金沢丹後文書』第一、東京美術、1968年により作成

よって、利権を保持するためにも幕府や大名への工作費は欠かせなかった。**御用達の地位をライバルに奪われた時などは、その座を奪い返すため、家が傾《かたむ》くほどの工作費を使うことも辞《じ》さなかった**（『金沢丹後文書』第一、東京美術、一九六八年）。

それだけ、江戸城や大名屋敷に出入りして御用達に任命されることは巨利が期待できたのである。

(二)藩邸御用と〝江戸近郊〟の豪農たち――商人顔負けの商才

「御用達」を目指す豪農たち――江戸の商人でも〝調達〟できないものとは？

江戸藩邸に御用達として出入りした豪商たちの事業内容を見てきたが、何も商人だけが出入りしたのではない。**資本力のある江戸近郊農村の豪農たち**も出入りしている。

諸大名は江戸の商人を御用達に任命し、江戸での生活に必要な物資を調達させたわけだが、商人でも調達できないものは江戸近郊農村の豪農に調達させた。

商人でも調達できないものとは、いったい何か。

干草《ほしくさ》といった馬の飼料《しりょう》のほか、労働力としての農民である。藩邸に出入りする豪農たちは、口入《くちい》れ屋のような〝人材派遣・サービス業〟を営《いとな》んでいた。

豪農は経済力豊かな農民を指す言葉であり、名主《なぬし》などの村役人を勤めていることが多かった。身分はあくまでも農民だが、これから見ていくように、その仕事ぶりは商人と何ら変わりはない。

むしろ、商人顔負けの商才を発揮した。これらの〝御用〟を勤めることで莫大な利益を上げる。

豪農の家に残された史料からは、そんな商業活動の実態が見えてくるが、彼らが勤めた御用は実に多彩だった。

物資や人員を調達するだけではない。藩邸内の庭園の整備事業や、長屋の不浄《ふじょう》掃除にも携《たずさ》わった。不浄掃除とは、藩邸内に住む家臣たちの屎尿《しにょう》を汲《く》み取ることだが、この汲み取り事業は驚くことに**巨大利権**となっていた。

現在ではあまり想像できないが、**汲み取られた屎尿が「下肥《しもごえ》」と呼ばれて農作物**

の貴重な肥料として使用されたからだ。農民たちがお金を支払って屎尿を汲み取っており、今とはまったく逆だった。

　こうした藩邸の御用を一人で勤めることもあれば、業務内容により御用達が異なる場合もあった。一つの御用を他の豪農と共同して請け負う場合も見られた。その業務の請負形態は、ＴＰＯ（時・所・場合）に応じて様々である。

　江戸前期は、**その大名と何らかの由緒《ゆいしょ》を持っていた豪農**が藩邸に出入りして御用を請け負うことが多かった。一例を紹介しよう。

　譜代大名の越後高田藩主・榊原家に出入りしていたのは、武州多摩《たま》郡江古田《えごた》村（現・東京都中野区）で名主役を勤める深野家である。榊原家が小石川に上屋敷となる土地を拝領した際、その地固《じがた》めを無料で行ったのが深野家だった。これをきっかけに、藩邸に出入りして屎尿を汲み取ることが許されたという。

　ここに深野家の高田藩出入りがはじまるが、江戸中期以降、両者の関係はドライなものに変わっていく。

　より高い金額で汲み取りを請け負う者に、榊原家は不浄掃除の権利を与えるのだ。いわば市場原理に基《もと》づき、深野家との契約を解除してしまう。

どの大名も財政が厳しい以上、高い請負金額を提示する豪農に汲み取り権を与え

る流れは止まらなかった。

下肥にも〝格差〟があった？──「肥料効果」の高い大名屋敷、大店、遊郭

豪農による江戸藩邸出入りは、下肥の汲み取りからはじまることが多かったが、これは大名屋敷に限らない。そうした事情は旗本・御家人の屋敷、そして町《まち》屋敷の場合も同じだった。

ただし、豪農だけが武家屋敷や町屋敷に出入りして汲み取ったのではない。一般の農民も江戸まで出かけて屎尿を汲み取っていた。

現代農業では化学肥料が主だが、江戸の農民が農地に投入する肥料は天然肥料だった。天然肥料と言っても、山野の草や樹木の茎《くき》・葉をそのまま田畑に敷き込む方法（苅敷《かりしき》）もあれば、金肥《きんぴ》もあった。金肥とは金銭を支払って購入した肥料のことである。

金肥としては下肥、米糠《こめぬか》、〆粕《しめかす》、干鰯《ほしか》などが挙げられるが、特に「畑での蔬菜《そさい》（野菜）生産」に下肥は欠かせなかった。

江戸近郊の農民たちは、江戸まで出かけて下肥を手に入れたが、住む地域により

下肥を運ぶ手段が異なっていた。江戸の西郊《せいこう》や南郊の農民は肥桶《こえおけ》に入れて自分で担いだり、馬や大八車《だいはちぐるま》に載せて持ち帰った。一方、江戸東郊や北郊の農民は隅田川《すみだ》や水路を活用した。船に載せて運んだが、その船は俗に「葛西船《かさいぶね》」という名前で総称されている。

実は、江戸中期ぐらいまでは無料で下肥を入手できた。あるいは謝礼《しゃれい》として野菜を少し置いていけば済んだのだが、江戸中期以降は価格が高騰《こうとう》し、売手市場となる。**江戸近郊農村で、江戸向け野菜の生産が盛んとなったことで、肥料効果の高い下肥の需要が高まったからである。**

農民側は、金銭の支払い、あるいは「干大根《ほし》何本・茄子《なす》何個納入」という契約を武家屋敷や町屋敷と個々に結び、汲み取り権を得ていた。

次ページの表2・3は、慶応三年（一八六七）に武州豊島《としま》郡戸塚村（現・東京都新宿区）と多摩郡吉祥寺《きちじょうじ》村（現・武蔵野市）の農民（「掃除人」）が不浄掃除権を持つ武家屋敷（「掃除場」）と、その年間契約内容をまとめたものである。

農民が個々の武家屋敷と、どんな条件で汲み取りの契約を結んでいたかが分かる貴重な内容だ。

戸塚村の年間契約を見ると総額だが、吉祥寺村については単価の場合も見られ

表2　戸塚村百姓・不浄掃除場一覧（慶応3年）

掃除人	掃除場	年間契約
甚右衛門	市谷・川田久保屋敷長屋	総計600両(※)
惣次郎	四谷・成子の松平摂津守屋敷	代金など凡80両、干大根2000本、生大根500本、粟５斗、人足120人
年寄忠蔵	小日向服部坂の大原三吉	代金・年中諸掛共72両、干大根6000本、茄子6000個
	牛込揚場の松平幸次郎長屋	金３両、沢庵７樽、干大根1500本、茄子1500個
	小日向竹橋町の三宅亀太郎	沢庵10樽、干大根500本、茄子500個
伝右衛門	市谷土取場の神谷正作	干大根350本、茄子350個
	同所の菅沼正三郎	干大根450本、茄子450個
久蔵	番町御殿谷の小佐田六左衛門	干大根2000本
	四番町の高島平一郎	干大根1600本
	牛込午之首組・吉田八十八	干大根200本、茄子200個
	同所の飯田治郎蔵	沢庵２樽、茄子300個
	同所の小坂良八	沢庵２樽、茄子300個
	高田馬場の木村幸三郎	干大根100本、茄子100個
	牛込天神町の甲州屋弥助	代金７両
	市谷合羽坂・佐野屋文吉店	代金４両
治右衛門	大久保の鷲巣喜三郎	干大根350本、茄子350個
	同所四丁町の清水与膳	干大根500本、茄子500個
	小石川御簞笥町の沖久右衛門	干大根350本、茄子350個
	同所極楽水の長田善三郎	干大根250本、茄子250個
藤四郎	鷹匠町の林内蔵頭	沢庵10樽、茄子塩漬４斗樽で２樽
	牛込馬場下町の鍛治屋庄八	代金１両
甚五郎	赤坂の井上左太夫	干大根1050本、茄子1050個
	市谷薬王寺前・石川武左衛門	干大根840本、茄子840個
	四番町の桜井磯之丞	干大根490本、茄子490個
	牛込原町３丁目家主・田島屋恵吉	代金２両３分
弥右衛門	牛込榎町家主・鰻屋宇之吉店共	糯白米１斗５升
定右衛門	市谷加賀屋敷の巨勢幸之助	代金４両、年中掛り16両、人足30人
	同所の服部中	代金２両、年中掛り１両２分、人足20人
茂吉	市谷月桂寺前の藤井内匠	代金２両
平右衛門	大久保上知の安藤伝九郎長屋	干大根2500本、茄子2500個、年中掛り２両
	市谷月桂寺前の浅井武次郎	干大根600本、茄子600個、年中掛り２分
	市谷薬王寺前家主・池田屋長右衛門店共	代金３両
	同所の内田屋藤三郎	代金１両２分

「上（諸家野菜納方書上）」『中村家文書』より作成
※甚右衛門の場合は、不浄掃除以外の御用も含め、尾張藩から支払われる金額

表3　吉祥寺村百姓・不浄掃除場一覧（慶応3年9月）

掃除人	掃除場	年間契約
三吉	四谷左門町・飯田友右衛門	1人につき茄子100個、干大根100本
	同所　田中弥三郎	同上
	同所　関根彦四郎	同上
	四谷船板横町・飯塚忠右衛門	同上
	同所　鈴木忠右衛門	同上
	四谷鮫ケ橋谷町家主・市兵衛長屋13軒	5両
伝之丞	鍛治橋御門徳島藩邸	馬1疋につき1日銭6文
松五郎	麹町1丁目三宅備後守	21両2分、馬4疋で12両
惣八	紀州藩邸内・筒井倉之丞	1人につき茄子50個、干大根50本
	同所　脇彦一郎	同上
	同所　佐々木三之丞	同上
小平次	四谷仲殿町袋町・鈴木親右衛門	1人につき茄子50個、干大根50本
	同所　筧信吉	同上
	同所　国友民次郎	同上
	同所　吉村元三郎	同上
	同所　小林小左衛門	同上
	四谷左門町・岡田正太郎	同上
源四郎	鍛治橋御門徳島藩邸内・根本熊次郎	馬1疋で3両
	早見助右衛門	同上
	紀州藩邸内・御金蔵役所	2分2朱
	紀州藩邸内・馬場義太郎	1両2分
	尾張藩邸内・磯野三右衛門	同上
八左衛門	市谷谷町家主・弥助店5軒	2両2分
小右衛門	四谷鮫ケ橋谷町家主・広兵衛長屋14軒	3両1分
粂右衛門	弐番町於・佐田兼太郎	1人につき茄子50個、干大根50本
	四谷仲殿町・長田謙之助	茄子50個、干大根50本
	同所　家主・彦兵衛店長屋11軒	6両
仁右衛門	四谷鮫ケ橋谷町・高林音五郎	4両、大根1樽
	同所　森野市十郎	茄子400個、干大根400本
	同所　小池駒吉	茄子300個、干大根300本
銀太郎	戸山尾州藩邸内・内河留守之助	茄子2000個、干大根1000本
	同所　細井力右衛門	沢庵漬4樽
	同所　木部森左衛門	馬不浄代6両
銀右衛門	四谷伝馬町3丁目家主・武兵衛店4軒	5両、銀20匁
長松	紀州藩邸中間部屋	金3分
	紀州藩邸内・小川善左衛門	茄子600個、干大根600本
	同所　最上助右衛門	同上
	同所　村松伝三郎	同上
	同所　服部幸三郎	同上
重左衛門	四谷鮫ケ橋谷町家主・市兵衛店12軒	5両
	同所　家主・兼吉店12軒	5両2分
	裏六番町・高木寅次郎	茄子650個、干大根650本

「下掃除場所書上帳」『武蔵野市史』（資料編）より作成

た。四谷左門町《よつやさもん》（現・新宿区）に住む飯田《いいだ》友右衛門の屋敷に出入りして汲み取っていた三吉は、一人あたりの単価で契約している。実際は、その家族の人数を乗《じょう》じた数の茄子と干大根を納めたのである。

ただし、不浄掃除権を獲得したといっても、その農民がすべて用いるのではなく希望者の農民に分配するのが通例だ。豪農の場合がそうである。**汲み取り権を持つ者に金銭を支払って下肥の配分を受けたが、実際に汲み取りに出かけるのは彼らであった。**

面白いことに、下肥にも〝格差〟があった。

大名や旗本など大身《たいしん》の武家屋敷や大店の下肥は上、一般の武家屋敷や町屋敷は中、裏《うら》長屋は下の評価だった。**身分の違いというよりも、食べる物の違いが評価に反映されたようだ。**大名や大店の主人は高価格、つまりは栄養価の高いものを食べており、それだけ肥料効果も高いと見なしたのである。このため、江戸藩邸の下肥をめぐっては激しい争奪戦が繰り広げられることになる。

ちなみに、**下肥として一番高く評価されたのは、幕府公認の遊廓・吉原や芝居町《しばいまち》から出された屎尿**だった。吉原や芝居町で出される食事が豪勢《ごうせい》である分、肥料効果も高いと見なされたからである。

「戸塚村名主」中村甚右衛門家――〝尾張藩御用達〟で辣腕をふるった豪農

下肥の汲み取りなどをきっかけに江戸藩邸への出入りを開始し、御用達として様々な業務を請け負うことで莫大な富を蓄積した豪農の一人に、前述の**戸塚村で名主役を務めた中村甚右衛門《じんえもん》という人物がいる。**

尾張藩市谷上屋敷跡に建てられた現在の防衛省

中村甚右衛門家（以下、中村家とする）は尾張藩に出入りしていた豪農だった。

尾張藩は、六十二万石という大名のなかでもトップクラスの石高を誇り、徳川御三家の筆頭として、徳川将軍家に次ぐ格式を持った藩だ。名実ともにナンバー2の大名だが、江戸藩邸の規模も桁《けた》外れだった。

藩主が住む上屋敷は、現在、

防衛省が置かれている市谷《いちがや》にあった。市谷屋敷（現・新宿区市谷本村町《ほんむら》）の規模は約七万五千坪。世継ぎや隠居したお殿様が住む麴町《こうじまち》中屋敷（現・千代田区麴町五、六丁目）は約一万七千坪。

下屋敷はいくつかあったが、なかでも**戸山屋敷**（現・新宿区戸山一〜三丁目）の広さは群《ぐん》を抜く。市谷屋敷以上の規模を誇る八万五千坪であったが、**尾張藩では周囲の農地を購入して抱《かかえ》屋敷としたため、その分を合わせると十三万坪にも達した。江戸で一、二を争う巨大屋敷である。**

尾張藩はこの三つ以外にも、築地《つきじ》（現・中央区築地）や川田久保（現・新宿区河田《かわだ》町）などにも下屋敷を持っていた。その坪数を総計すると、三十万坪をゆうに超す。

江戸後期以降、尾張藩の江戸藩邸に出入りして様々な御用を請け負ったのが、この戸塚村名主の中村家なのである。

戸塚村は江戸西郊に位置する畑の多い村で、現在のＪＲ山手線高田馬場《たかだのばば》駅のすぐ西側にあたる。四十〜五十戸程の小村（約二百石）であり、村民の約半分は、持高《もちだか》一石未満の農民だった。

中村家は江戸初期より村役人を勤める家柄で、名主を勤めることもあったが、享和《きょうわ》期（一八〇一～四）以降は名主役を世襲《せしゅう》し、明治を迎える。尾張藩御用達の地位を獲得するのに合わせて経済力を高め、村内での地位を不動のものにした（『武蔵国豊島郡戸塚村名主中村家文書目録』解題、新宿歴史博物館、一九九六年。以下、中村家に関する記述は同家文書参照）。

尾張藩御用達としての動向が分かるのは享和期、つまり十九世紀に入ってからだが、**その頃の持高は十石ほどに過ぎない。**戸塚村の農民では一、二を争う土地持ちだったが、江戸の豪農全体で見れば、さほどの規模ではない。しかし、その財力は豪農のなかでも抜きん出ていた。

中村家は、農業に経営基盤を置く豪農ではなかった。「尾張藩の御用達」という商人顔負けの才覚で財をなした豪農だったのである。

尾張藩への「出入り」を開始する――きっかけは馬の飼葉、汲み取り権から

享和元年（一八〇一）十一月、中村家七代目の甚右衛門は武州豊島郡長崎《ながさき》村（現・東京都豊島区）の三右衛門、同足立《あだち》郡鹿浜《しかはま》村（現・足立区）の忠五郎とともに、**尾張藩邸に飼われている馬の飼葉《かいば》（飼料）の納入を請け負った。**ここに、中村家の尾張

藩御用達としての歩みがはじまる。

飼料納入を請け負ったことを契機に、甚右衛門は江戸藩邸の御用を次々と請け負っていく。早くも翌二年（一八〇二）には、藩邸内に常備されている馬の排泄物《はいせつ》の汲み取り権を得た。**馬の排泄物も、農作物の肥料**になっていたというのも、現代の感覚では意外な話だろう。馬一疋《ぴき》につき、月額銀《ぎん》三匁《もんめ》を上納するという条件だった。

文化五年（一八〇八）二月、甚右衛門は麴町中屋敷内の御殿跡地《あとち》二千坪の開墾《かいこん》を請け負った。尾張藩としては跡地を遊ばせず農地にすることで、新たな収入源にしようと目論《もくろ》んだのである。**藩邸内が〝農地〟として利用されるのは、別に特異な事例ではなかった。**

甚右衛門は尾張藩から、開墾資金として十両を借用した。開墾が終了する同八年（一八一一）から、毎年二両一分《ぶ》ずつ五年間かけて元利《がんり》を返納する規定だった。

十二年（一八一五）まで五年間は年貢が免除された。その土地から上がる収穫物はすべて自分のものにできたが、十三年（一八一六）からは、毎年二両一分ずつ年貢を納める約束になっていた。

この時代は荒《あ》れ地を開墾した場合、開墾が成功して安定した収穫が得られるまで、年貢は免除されるのが通例である。これを鍬下年季《くわしたねんき》と呼ぶ。

　さて、麴町屋敷の御殿跡地の開墾を請け負った文化五年は、中村家にとり大きな転機の年でもあった。尾張藩の御用を、独占的に請け負うきっかけとなったからである。

(三)「汲み取り」というビジネス――〝差額〟を懐に入れるブローカー

「汲み取り権」獲得の大チャンス――〝肥料を制する者〟が農村を制する

　それまで尾張藩江戸藩邸に出入りして様々な御用を請け負っていたのは、武州多摩郡中野村（現・中野区）の名主役を代々勤める堀江卯右衛門《うえもん》家である。**堀江家は、江戸城本丸と西丸の農園に蒔《ま》く種物《たねもの》などの「上納御用」も勤める由緒ある豪農**として、その名前は近隣に鳴り響《ひび》いていた。その持ち高は百石ほどだから、中村家の十倍。江戸近郊農村の豪農の代表格のような存在だった。

江戸城御用達を勤めるかたわら、尾張藩の御用達という顔も持っていたが、その中核の御用は藩邸内の屎尿汲み取りである。市谷屋敷の汲み取り権を保持していたのだ。

一方、甚右衛門は尾張藩の御用に次々と参入し、御用達としての地歩《ちほ》を固めるが、その頃、堀江家は汲み取り料の納入に苦しんでいた。

堀江家は市谷屋敷の汲み取り権を、年間で金五十両（藩主が江戸在府《ざいふ》中の時）と飼葉五百束《たば》を納入する約束で保持していた。汲み取り料については毎年五月・九月に十七両、十二月に十六両を納め、飼葉は十〜十一月に納入することになっていたが、**期日までに全額を納められない**事態に立ち至る。

尾張藩から見れば、契約違反に他ならない。事情はよく分からないが、堀江家の家計も苦しかったようだ。

よって、甚右衛門がその滞納《たいのう》金四十三両を肩代わりするとともに、堀江家から汲み取りの権利を引き継ぐ。中村家が名主役を勤める戸塚村と、堀江家が名主役を勤める中野村は隣村どうしであり、お互いの経営事情は熟知していたことだろう。

堀江家から依頼があったのか、中村家が申し入れたのか、はたまた尾張藩主導で堀江家から中村家への交代が行われたのか、その辺りの事情はよく分からない。

いずれにしても、既に中村家が尾張藩御用を請け負っていた事実は大きかったはずだ。**棚《たな》ボタではないが、中村家はそのチャンスをつかみ、尾張藩御用達としての地位を確固たるものにしていく。**

麴町屋敷の開墾を請け負った同じ文化五年の閏《うるう》六月、甚右衛門は尾張藩から、市谷屋敷内で汲み取り作業に従事する農民からの「金子取立方《きんすとりたてかた》」を命じられる。堀江家が汲み取りの権利を所持していたとはいえ、**実際に屋敷に出入りして汲み取ったのは、下請の農民たちだった。**

「下方《したかた》」と呼ばれた彼らから徴収した金銭をもって、堀江家は尾張藩に納める汲み取り料に充《あ》て、その差額を懐《ふところ》に入れた。**現代風に言うとコミッションビジネスだ**が、下請の農民からの徴収が滞《とどこお》った結果、堀江家は汲み取り料の滞納を余儀なくされ、その権利を手放す結果となる。中村家にしても、同じ形で差額を手に入れている。

次ページの表4は、中村家の許可を得て屋敷内に出入りした下方四十五人を村別にまとめたものである。自分が名主を勤める戸塚村の農民はわずか四人しかおらず、大半は戸塚村の西方に位置する武州豊島郡・多摩郡・新座《にいくら》郡の農民だった。現

表4　中村甚右衛門下方一覧（安政6年）

村　名	名　前
戸塚村	久蔵
	利右衛門
	喜三郎
	甚五郎
大久保村	八郎兵衛
	半蔵
	鉄五郎
柏木村	金次郎
	仁兵衛
	冨五郎
長崎村	弥右衛門
中荒井村	勘次郎
中野村	金五郎
	政兵衛
	治郎右衛門
高田村	新之丞
	清兵衛
	庄五郎
新井村	三五郎
沼袋村	伊之助
	直次郎
遅野井村	久左衛門
	房吉
	治郎右衛門
	新五郎
白幡村	金五郎
石神井村	長次郎
井草村	勝右衛門
	辰五郎
	小兵衛
	伝之丞
	伊之助
	八十八
台場村	金右衛門
	亀次郎
保谷村	源八
	勝右衛門
	与兵衛
	源蔵
	藤蔵
	勝五郎
	乙次郎
	弥次郎
	平吉
小暮村	勇次郎

「御長屋様御掃除人名面書上帳」『中村家文書』より作成

在の行政単位で言うと、東京都中野区・杉並区・練馬《ねりま》区などに該当する。

江戸近郊の豪農にとり、尾張藩に限らず江戸藩邸の汲み取り権を確保することはたいへん大きかった。**差額分を懐に入れられるだけでなく、「肥料効果が高い」と人気のあった江戸藩邸から出される屎尿を渇望《かつぼう》していた農民たちに、強い影響力を及ぼせるからだ。**

良質の肥料が入手できるか否《いな》かは、農民にとっては死活《しかつ》問題である。すなわち、**肥料を制する者が農村を制する。**

この汲み取り権を介して、甚右衛門の権威は名主を勤める戸塚村にとどまらず、周辺農村にまで浸透《しんとう》する。そのビジネスにも、プラスに作用していくのである。

「汲み取り料」から推定できる？——〝軍事機密〟だった屋敷内の藩士数

文化五年に市谷屋敷の汲み取り権を獲得した甚右衛門は、翌六年（一八〇九）二月には川田久保屋敷の汲み取り権も確保した。川田久保屋敷は下屋敷であり、坪数は七千七百坪ほどだった。

川田久保屋敷内にどれだけの人数が住んでいたかは不明だが、推定は可能だ。**そ**

の決め手こそ、甚右衛門が尾張藩に支払った〝汲み取り料〟なのである。

中村家に残された史料には、当時、市谷屋敷に尾張藩士が千百人ほど住んでいたという記述が見られる。その汲み取り料が年額五十両なのだが、甚右衛門は川田久保屋敷の汲み取り料として年間三両（毎年六月と十一月に一両二分ずつ）の納入を義務付けられる。

当時は、屋敷内の人数に応じて汲み取り料が決められた。馬の場合は一疋あたりの単価が設定されていたことは既に述べた。

すなわち、市谷屋敷に住む藩士の数と汲み取り料と、川田久保屋敷の汲み取り料との比較から、同屋敷に住む藩士の数が約六十六人と推定できるわけである。

下屋敷は藩主の別荘あるいは、物資を保管する倉庫のような機能を持つ屋敷だった。上屋敷や中屋敷と違って殿様や世継ぎも住んでおらず、いずれも管理人程度の人数しか住んでいなかった。汲み取り料の違いからも、そんな川田久保屋敷内の様子は窺《うかが》い知れる。

江戸藩邸は、現代に喩《たと》えると〝外国大使館〟のような存在であり、屋敷内の人数などは軍事機密に属した。第一章で述べたとおり、トップシークレットに他ならない。

だが、門外不出《もんがいふしゅつ》の藩邸内の情報が、出入りしている御用達の家に残された汲み取りの史料からおおよそ分かってしまうのは、尾張藩として想定外だったのではないか。一方、現存している尾張藩の記録からは、そうした数字は一切出てこない。

大名屋敷の汲み取りの「下請け」――黙っていても〝利益〟が転がり込む？

市谷屋敷の場合と同じく、甚右衛門は希望する農民（下方）を募《つの》って、川田久保屋敷の下肥を汲み取らせている。下請の農民から徴収した汲み取り料と、尾張藩に納める汲み取り料の差額を懐に入れたが、甚右衛門はこれを**「徳分《とくぶん》」**と称した。

徳分とは利益、分け前という意味である。この徳分をいかに大きくするかが、甚右衛門の最大関心事となる。

甚右衛門は汲み取りに限らず、**尾張藩から請け負った御用を自村や近隣農村の農民に下請けさせることで、御用達としての任務を遂行した**。こうした構図は、御用達として江戸藩邸に出入りしたすべての豪農にあてはまる。

既に享和二年（一八〇二）より、甚右衛門は市谷屋敷に常備されている馬の屎尿の汲み取り権を得ていたが、これについても希望者を募って汲み取らせている。

甚右衛門が尾張藩に納めることになっていた汲み取り料は、馬一疋につき月額で銀三匁つまり年額で三十六匁だが、下請の者が甚右衛門に支払う汲み取り料は、一疋につき年額六十二～三匁。馬一疋につき、差額分の二十六～七匁が甚右衛門の徳分となる計算だ。

常備していた馬の数はよく分からないが、後述するとおり、市谷屋敷では三十～四十疋ぐらいは馬を常備していた。三疋で七十八～八十一匁。金一両（銀六十匁）以上の利益となる計算であり、**甚右衛門は馬の屎尿の汲み取り権を保持しているだけで、毎年十両以上、現代で言えば「百万円を超える利益」が黙っていても転がり込んでいた計算になる。**このほか、堀江家から譲り受けた市谷屋敷の汲み取り権から得られる徳分もある。

甚右衛門は汲み取り権を確保し、その実務を下請けさせることで利益を上げた。いわば、**ブローカーのような存在**だった。

しかし、そのコミッションビジネスも順風満帆《じゅんぷうまんぱん》ではなかった。尾張藩は汲み取り料を引き上げようとしていたからである。むろん、甚右衛門のほうは極力少なくしたいわけであり、そこで**尾張藩との激しい駆け引き**がはじまる。これに勝利しないと利益は下がり、結局は堀江家のように滞納金を出して、権利を手放さざるを得なくなる事態に追い込まれるのである。

人馬数の〝激減〟に苦しむ――需給のバランスが崩れて「自腹の危機」に！

文化七年（一八一〇）正月、甚右衛門は汲み取り料の引き下げを求める次のような趣旨の願書《がんしょ》を尾張藩に提出している。

この年、市谷屋敷に住んでいた大身の家臣が屋敷を出て外に居《きょ》を構えるようになり、屋敷に住む藩士の数がかなり減った。馬の数も三分の一となり、人馬《じんば》の屎尿が夥《おびただ》しく減ってしまった。その上、屋敷内のゴミの清掃《せいそう》作業のため、人足《にんそく》が年間八百人余も掛かっている。

大身の藩士とは、家老クラスの重臣を指す。当時、市谷屋敷に住んでいた藩士の数は千百人だが、常備していた馬の数は別の史料によると、わずか十一疋だった。尾張藩ほどの大藩にしては、かなり少ない人馬の数だが、藩財政の悪化が背景にあった。

多くの藩士を屋敷に住まわせていれば、それだけ財政に跳《は》ね返ってくる。馬の数が三分の一に減っていたのも、財政難に伴う経費節《せつげん》減策の一環だろう。

この願書からは、市谷屋敷内の馬の数は、通常その三倍だったことが判明する。よって、通常は三十〜四十疋ぐらいの馬を常備していたと先に推定したのである。

藩士にせよ、馬にせよ、その数が減れば汲み取りの量も減るが、その分、甚右衛門の利益も減る。甚右衛門としては汲み取り料の引き下げを願わざるを得ないが、**とりわけ深刻だったのは、屋敷内のゴミの清掃作業である。**その人足が、年間にのべ八百人余も掛かっていた。

甚右衛門は市谷屋敷の汲み取り権を獲得した際、屋敷内のゴミ掃除を無料で請け負った。汲み取り権を確保するために甚右衛門が自ら申し出たのか、あるいは尾張藩が汲み取り権を与える条件として提示したのかは分からないが、甚右衛門は予想以上の出費を余儀《よぎ》なくされる。

この時、甚右衛門が願書に添《そ》えて提出した書付《かきつけ》によれば、下請の農民から得られる汲み取り料は五十五両。馬小屋からの汲み取り料は八両一分二朱《しゅ》六百五十文。合わせて、六十三両一分二朱六百五十文の収入だった。

一方、甚右衛門が尾張藩に納める汲み取り料は五十両。そのほか、納入が義務付けられていた飼葉五百束の代金は三両。

ところが、清掃作業の人件費が三十三両一分と銀五匁も掛かっていた。差し引き二十二両三分余の〝赤字《べいこく》〟になっていたのである。

その上、最近、米穀や野菜の価格が低落していたことも、甚右衛門を窮地《きゅうち》に追い込む。米穀や野菜が出来過ぎたせいで肥料の需要が落ち込み、下肥の価格も下落したことで市谷屋敷の汲み取り希望者も減ったのだ。いつもなら、甚右衛門が近隣農村に希望者を募ると、すぐに埋まってしまうが、昨年の暮《くれ》は空きが出たほどだったという。

大名屋敷の汲み取りは、町屋敷に比べて肥料効果の高い下肥が入手できることで人気が高かった。そのため、汲み取り料も高かったが、需給のバランスが崩れたことで下請の農民が中村家に収める汲み取り料も軒並《のきな》み値下がりしていく。

下請の農民から徴収する汲み取り料が減れば、甚右衛門としては尾張藩に納入する汲み取り料を捻出《ねんしゅつ》できず、結局、自腹《じばら》を切る羽目となる。そのため、市谷屋敷に住む家臣の減少分に応じて、汲み取り料の引き下げを尾張藩に願ったのである。

汲み取り料〝減額〟の激しい駆け引き――「参勤交代」も大きく影響した？

甚右衛門からの嘆願《たんがん》を受けた尾張藩では、藩主在府中も在国中も、汲み取り料は同じ金額でと打診してきた。**市谷屋敷内に住む藩士の人数の増減に関係なく、定額にしようと持ちかけた。**

表5は、天明二年（一七八二）～寛政四年（一七九二）の十一年間の汲み取り料と、藩主在府と在国の別をまとめたものである。甚右衛門が尾張藩御用達の地位を得る以前、つまり堀江家が汲み取り権を保持していた頃のデータだ。

この表からは、藩主在国の年は江戸在府中の年に比べて、汲み取り料が半分近

表5　市谷屋敷汲み取り料一覧

年次	掃除代	藩主在府・在国別
天明2年	70両3分	在府
同　3年	33両	在国
4年	69両	在府
5年	31両3分	在国
6年	44両2分	在府
7年	52両	在府
8年	35両	在府
寛政元年	40両	在国
同　2年	52両3分	在府
3年	35両	在府
4年	55両	在府

「市ケ谷御屋鋪御掃除金先年之扣」『中村家文書』より作成

くに設定されたことが分かる。**要するに、お殿様が国元に帰ってしまうと「藩邸内の人数は半減する」**ということである。

ただし、江戸在府のほうが汲み取り料が低い年もある。後述するように、尾張藩から汲み取りが一部差し止められることで、その分、汲み取り量が減っていたからだ。

甚右衛門は尾張藩からの打診に対し、以後、汲み取り料は年額三十両にして欲しい、飼葉五百束の納入は免除して欲しいと願う。そうなると、数字上は黒字となる。

それまでは、藩主在府中の五十両を基準額と設定し、藩主が帰国すると、屋敷内の人数の減少分に応じて減額していたが、この件は定額三十五両の納入、飼葉五百束の納入は免除という線で落着《らくちゃく》となる。ただし、無料でのゴミ掃除は継続するよう命じられた。

この後も、市谷屋敷内の人数が減るたびに、甚右衛門は汲み取り料の引き下げを願っている。汲み取り量が減るからだ。

文政十三年（一八三〇）に甚右衛門が提出した願書を読むと、尾張藩が屋敷内の薬園《やくえん》の肥料とするため、長屋の汲み取り作業を差し止めたことが分かる。この処置により汲み取り量が減ったため、甚右衛門は料金の引き下げを願い、尾張藩も汲み取り料を二十九両に減額している。

屋敷内の薬園や畑の肥料として用いるため、農民による汲み取り作業を差し止めることは、馬小屋についても見られた。馬の屎尿も肥料として重宝《ちょうほう》がられた様子が再確認できる。この場合も、甚右衛門はその分の汲み取り料の減額を願い出ることになる。

この一連の経緯からは、利益を確保するため、粘《ねば》り強く交渉を展開する商魂《しょうこん》たくましい豪農の姿が浮き彫りとなるが、こうした姿は不浄掃除だけにとどまらない。以下に見ていくとおり、庭園掃除や馬飼料の調達でも確認できるのである。

(四)「庭園整備」というビジネス――〝大量動員〟の巨大プロジェクト

●山あり谷あり〝深山峡谷〟の空間――十万坪を超えた尾張藩の「戸山荘」

尾張藩に限らず、諸大名の江戸藩邸には広大な庭園が造成された。だが、その景観《けいかん》を維持するため、たいへんな手間と莫大な経費が掛かっていたことはあまり意識されない。

尾張藩には、**市谷屋敷に「楽々園《らくらくえん》」と称された巨大庭園**があった。戸山《とやま》屋敷などは屋敷そのものが庭園（戸山荘と呼ばれた）で、その規模も十万坪を超えていたことは既に述べた。

「植木《うえき》の里」と称された江戸近郊の染井《そめい》村や巣鴨《すがも》村に住んでいた植木屋が大名庭園の整備にあたったが、その景観を守ってきたのは、植木屋などの園芸《えんげい》業者だけではない。江戸藩邸に出入りして物資や人足を提供した江戸近郊の豪農も、景観維持に大きな役割を果たしている。

巨大庭園であるから、景観を維持するにはたいへんな手間が掛かる。とても植木屋だけでは対応できない。落ち葉を拾い集めるだけでも一仕事だ。よって、**大名庭園の整備となると〝大規模プロジェクト〟**のような事業になるのは避けられなかった。諸大名は江戸藩邸に御用達として出入りさせた豪農をして、その業務にあたらせている。

庭園といっても、必ずしもなだらかな地勢《ちせい》ではない。山あり谷ありという起伏《きふく》の激しい庭園も多かった。となれば、こうした景観の維持には、普段から農作業や山仕事に従事している農民の力がどうしても必要だった。

庭園整備を請け負った豪農は、近隣の農民を掃除人足として大量に動員し、その業務を遂行した。中村家も、そんな豪農の一人である。

以下、中村家に残された史料から庭園整備の裏側を覗《のぞ》いてみるが、その前に庭園の整備作業を実際に見た者の証言を紹介しよう。

中村家が、楽々園や戸山荘などの整備を請け負っていることが確認できるのは、文化八年（一八一一）以降だが、戸山荘の整備の様子は、田安徳川家家臣の土居《どい》清健が著《あらわ》した「戸山枝折」（土居清健「戸山之枝折」『東京市史稿』遊園篇第三）の記事が参考になる。

現在の戸山公園（旧尾張藩戸山下屋敷）にある箱根山

文政七年（一八二四）十月三日、十一代将軍・家斉の弟である田安斉匡《なりまさ》は戸山荘を訪問したが、その前に、土居が当日に備えて下見をしている。

尾張藩は徳川御三家の一つだが、別に徳川御三卿という家もあった。田安・一橋・清水徳川家の三家だ。紀州藩から将軍職を継いだ八代吉宗《よしむね》は田安・一橋家を創設し、九代家重《いえしげ》の弟・宗武《むねたけ》と宗尹《むねただ》に各々《おのおの》継がせた。家重も清水家を創設し、十代家治《いえはる》の弟重好《しげよし》に継がせた。将軍に跡継ぎがいない場合、この御三卿からも後継者を出そうとしたのである。

「戸山枝折」の記述によれば、土居が戸山荘内の「大原」という芝野《しばの》にやってきたところ、拍子木《ひょうしぎ》が高らかに鳴った。

それを合図に、木の下や松の陰、あるいは山から人が続々と出てきたという。

彼らは鍬《くわ》・鎌《かま》・箒《ほうき》を持っており、今回の斉匡の訪問に備えて庭園整備に携わっていた人足である。中村家が動員した農民だが、拍子木は昼御飯の合図だったようだ。

山から人足たちが出てくるなど、あたかも深山峡谷《しんざんきょうこく》のような地勢が窺えるが、これから見ていくように、甚右衛門は杣《そま》人足まで動員して整備にあたっている。杣とは、山林の樹木を切り取るのを生業《なりわい》とする者、いわゆる樵《きこり》のこと。山仕事が可能な農民を雇《やと》い上げ、杣人足と称していた。

杣人足の動員とは、大名庭園の整備となると〝山仕事〟になってしまうことの何よりの証明なのである。

〝美味しい〟庭園掃除の年間契約——藩からの「請負料の半分」が懐に入る?

では、中村家の史料を通じて、甚右衛門が尾張藩から請け負った庭園掃除の内容を見ていこう。

まず、市谷屋敷の楽々園だが、**定期的な整備を年四回行う**ことになっていた。

現在の戸山公園

各々、十五日間で整備を完了させる契約である。

戸山下屋敷（戸山荘）の場合は、年三回。一番苅《かり》は四月中旬頃から十五日間。二番苅は五月中旬頃から、また三番苅は八月上旬頃から二十日間で完了させる約束だった。

尾張藩は、市谷・戸山屋敷以外にも屋敷を持っていた。そのうち、麴町中屋敷・築地下屋敷には大きな庭園があったが、両庭園も同じ条件で整備を請け負っている。

請負金額は、総計で年額七十七両。ただし、実際に整備にあたったのは甚右衛門が動員した農民たちである。下請というわけだが、彼らには三十九両で請け負わせた。

つまり、差し引き三十八両が甚右衛門の懐に入る計算だ。何と請負料の半分が手に入るわけであり、中村家にとっては美味《おい》しい〝庭園ビジネス〟であった。

これは定期的な整備の場合で、臨時に整備が必要な場合もあった。先に見た田安斉匡の訪問などはその一例だ。その時は、別途《べっと》支払いを受けている。

特に**将軍が訪問（御成《おなり》）する場合**などは、念入りに整備することが必要である。ただし、そのぶん費用は嵩《かさ》んだ。

文化十五年（一八一八）四月十五日、十一代家斉と世継ぎの家慶《いえよし》が鷹狩りの帰《き》途《と》、戸山荘に立ち寄る旨が尾張藩に伝えられた。家斉のみならず次期将軍もご来訪となると、接待側の尾張藩も準備がたいへんだったのは言うまでもない。

幕府からの通達を受けた尾張藩では、甚右衛門に戸山荘の整備を命じた。甚右衛門は三月七日から四月四日まで、掃除人足をのべ二千七百三十四人、杣人足をのべ二百二十二人動員し、整備作業を完了させた（計二千九百五十六人）。一日約百人が戸山荘に出張して、作業にあたった計算になる。

ここで言う掃除人足とは、雑草を取ったり落ち葉を拾うなど、一般の農民でも勤められるレベルの作業に従事する者を指す。**雇用された彼らには農作業もあったは**

ずだか、御手当《おてあて》は結構よかった。

掃除人足の賃金は日当《にっとう》で銭二百五十文。一両が銭四貫文《かんもん》とすれば、その十六分の一にあたる。二週間ほど掃除人足を勤めれば、小判一両が得られる計算だ。

杣人足は山仕事が可能な技量を持つ農民であるから、誰でも勤まるものではない。実際、甚右衛門は一ヶ村につき一、二人ぐらいしか、杣人足を雇い上げることができなかった。

その技量の違いが賃金にも反映され、杣人足を勤めた農民には銀三匁二分五厘《りん》が支払われている。当時の銀と銭の交換相場に従えば、銭二百五十文の掃除人足に比べると、四割増《まし》ぐらいに相当する額だった。

「将軍御成」という特需――近隣農村のネットワークを〝フル活用〟した豪農

この時、甚右衛門が掃除人足として雇い上げた農民たちを、村や町別に分類したのが、次ページの表6である。

のべ二千七百三十四人の掃除人足と言っても、甚右衛門一人で動員できたわけではない。甚右衛門自身が調達した者は、全体の一割程度に過ぎない。

表6　掃除人足・杣人足の延人数一覧（文化15年3月7日〜4月4日）

人足の調達者	2734人	683貫500文（金112両３分２朱、銀２匁５分）
江古田村長兵衛	410人	102貫500文
上高田村佐兵衛	322人	80貫500文
上高田村市右衛門	29人	７貫250文
下高田村徳左衛門	89人	22貫50文
長崎村政五郎	60人	15貫文
大久保百人町喜八	262人	65貫500文
大久保箪笥町金之助	123人	30貫750文
中野村西町三右衛門	296人	74貫文
片山村角左衛門	141人	35貫150文
落合村源蔵	504人	126貫文
柏木村源太郎	37人	９貫250文
柏木村茂左衛門	21人	５貫250文
大久保村砂利場伝右衛門	184人	46貫文
中野村治助	８人	２貫文
柏木村三吉	６人	１貫500文
戸塚村甚右衛門	242人	60貫500文
杣人足	222人	金12両３分２朱、銀４匁５分
計	2956人	金125両３分、銀７匁

「壱番御庭御用留」『中村家文書』などにより作成

江古田村（現・中野区）の長兵衛や大久保《おおくぼ》百人《ひやくにん》町（現・新宿区）の喜八ら、戸塚村近くの村や町の有力者に依頼して動員した者たちが大半だった。村や町の有力者とは、中村家と同じく名主などを勤める村（町）役人クラスの豪農階級を指す。

現代の行政区画で言うと、東京都新宿区・中野区・練馬区の農民たちだが、興味深いのは汲み取りの下請をしていた農民

（下方）の居村《きよそん》と重なっていることである（一一四ページの表4参照）。と言うよりも、**甚右衛門は「汲み取りのネットワーク」を活用して、掃除人足や杣人足を近隣農村から雇い上げたのだ。**

今回の戸山荘整備に伴う人件費として尾張藩から甚右衛門に支払われた金額は、計百二十五両余にものぼった。甚右衛門が人足に支払った金額までは分からないが、定期的な整備の事例から見て、甚右衛門は半分近くを懐に入れただろう。

将軍が庭園を訪問するだけで、甚右衛門には六十両ほどの臨時収入が転がり込んでくる計算である。現在の貨幣価値に換算すると、数百万円ものコミッションビジネス。**まさに〝将軍特需《とくじゅ》〟だ。**これに、定期整備に伴う利益が毎年四十両近く加わる。

尾張藩としては、将軍が訪問するとなれば粗略《そりやく》な対応はできない。御三家筆頭の体面もあった。どうしても、贅《ぜい》を凝《こ》らした接待とならざるを得ず、莫大な出費を余儀なくされる。

いきおい、庭園の整備も念入りに行われた。尾張藩としては〝有り難迷惑〟だったろうが、甚右衛門には〝有り難いお客様〟だった。**中村家など江戸藩邸に出入りする豪農にとって、庭園整備とはそのコミッションビジネスの主力事業**だったのである。

幕末の物価高騰と社会不安――「賃金増額」を勝ち取る熾烈な駆け引き

ただ、甚右衛門もこうした庭園ビジネスから利益ばかり得たわけではない。損失も出していた。そのため、裏では激しい駆け引きも見られた。先の文化十五年（一八一八）四月十五日の将軍家斉・家慶訪問時の事例を見てみよう。

この時の掃除人足の日当は二百五十文、杣人足の日当は銀三匁二分五厘だったが、その直前の三月に、甚右衛門は次のような趣旨の訴状《そじょう》を尾張藩に提出していた。

今回は〝将軍御成〟を受けての大規模な整備事業であり、**遠方からも杣人足を雇い上げねばならない**。従来の額では勤められないので、一人につき四匁の賃銀《ちんぎん》、つまり七分五厘増額して欲しいと願っている。既述したような、杣人足の稀少価値という事情も背景にあった。

既に文化八年（一八一一）十一月には、**物価高騰**を理由に、杣人足の賃銀を三匁から五分引き上げて欲しいとする訴状を提出していた。尾張藩はこの願いに対し、二分五厘の増額を認め、これ以降、日当が三匁二分五厘に引き上げられた。そして、今回の将軍御成に伴う整備事業の際にさらなる増額を目指したが、その願いは認められずに、三匁二分五厘で据《す》え置きとなる。

文政二年（一八一九）九月二十五日にも、銀四匁への増額を求める訴状を再び提出する。この時の願いも却下されるが、後に日当は三匁七分五厘となっており、満《まん》額《がく》回答ではなかったものの増額を勝ち取っている。

幕末に入ると、社会不安も相まって物価が暴騰《ぼうとう》するが、杣人足の賃銀も高騰する。慶応元年（一八六五）時には杣人足の賃銀は六匁に増額されていたが、同二年（一八六六）九月、甚右衛門は米価《べいか》をはじめとする諸物価の高騰を理由に十一匁への増額を願う。

中村家に残された史料からは、庭園掃除の賃金をめぐる尾張藩との〝熾烈な駆引き〟の様子が浮かび上がってくる。

大名庭園は〝大規模な雇用〟を生んだ！——零細農民の貴重な「現金収入」

天保十四年（一八四三）三月、将軍家慶は戸山荘を訪れた。例によって、尾張藩では甚右衛門に庭園掃除を命じている。

この時、甚右衛門が動員した掃除人足はのべ二百三十二人、杣人足はのべ二百四十九人。賃銀は、掃除人足が二匁三分、杣人足が三匁七分五厘。

尾張藩から支払われた賃金は二十九両だったが、一両三分余、不足していたらしい。七月八日、甚右衛門は不足分を御盆《おぼん》前に支払って欲しいとする訴状を提出した。

尾張藩では御盆前に未払分を支給したが、甚右衛門は先の訴状で、掃除・杣人足として動員した農民は「其《そ》の日暮しの者」であると申し立てていた。

農民といっても、土地を持っている高持《たかもち》百姓と、持っていない無高《むだか》百姓の二つがあった。無高百姓とは、小作人あるいは日雇い労働で生活していた百姓のことである。

特に日雇い労働で糊口《ここう》を凌《しの》いでいた彼らにとり、この大名庭園からの仕事は貴重だった。二週間も掃除人足を勤めれば、一両もの大金を得られるからだ。

言い換えると、**尾張藩の江戸藩邸は庭園整備を通して、大規模な〝雇用〟を創出していた。**その恩恵に与《あずか》ったのが、江戸近郊農村、特に水呑《みずのみ》百姓などの零細《れいさい》な農民なのである。

こうした光景は、尾張藩だけにあてはまるものではない。すべての江戸藩邸の庭園にあてはまる。

慢性的《まんせい》な財政難に苦しむ大名にとり、庭園整備に伴う出費は多大な負担をもたらした。しかし、**そのぶん江戸近郊農村を潤《うるお》し、雇用を創出していたのもまた事実だった。**庭園整備の実務を担った中村家たち豪農も、巨利を得ることができたのである。

(五)「馬飼料調達」というビジネス――投機性の高い市場に悩む

飼料の調達システム――「問屋がない」「相場の変動が激しい」「量もかさばる」

江戸藩邸を舞台にした豪農・中村家による汲み取りビジネス、庭園ビジネスを見てきたが、中村家は馬飼料の調達でも巨利を得ていた。

馬は武士が騎乗《きじょう》するだけのものではない。当時は、**物資を運送する手段**として広く用いられた。

江戸藩邸内にも馬は常備されていた。尾張藩では市谷屋敷に三十〜四十疋の馬を常備したが、飼料代が重い負担だった。そのため一時期、十一疋まで減らしたことは既に述べた。

しかし調達側から見ると、**馬飼料の調達業務とは、それだけ大きなビジネスになり得る可能性を持っていた。**

嘉永《かえい》元年（一八四八）三月、甚右衛門は飼料代の交付方式に関する訴状を尾張藩に提出している。これまでは年間五回ぐらいに分けて買付資金を交付したが、今後は盆と暮の二回にまとめて交付したいと尾張藩が打診してきたからだ。

しかし、甚右衛門はこれに難色を示す。今までどおり、年間五回に分けての買付資金の交付を強く求める訴状を尾張藩に提出している。

馬の飼料（飼葉）つまり干草《ほしくさ》はかさばってしまうため、江戸の町に干草を扱う問屋はなかった。このため、甚右衛門は根羽《ねっぱ》（葉）村・徳丸《とくまる》村（現・東京都板橋区）など、草が生《お》い茂《しげ》る場所へ人を派遣していた。買い集めさせた干草は現地で保管し、必要に応じて市谷屋敷に納めたのである。

巻かれた干草の束

根葉村・徳丸村は、村の北部が荒川《あらかわ》沿いの湿地帯に位置していた。現在で言うと、東京の代表的な高層団地である高島《たかしま》平《だいら》団地のある辺りだ。江戸湾に流れ込む荒川や隅田川などの水運を使って、市谷屋敷まで刈り取った茅《かや》などの干草を運び込んだのだろう。

飼料相場の変動は実に激しかった。甚右衛門としては、値が下がった時に大量に買い取っておきたいところである。そのため、**手元には仕入れ用の資金を常時確保しておく必要があり、その額は大きければ大きいほど望ましい。**

年二回でも五回でも、交付金の総額は変わらないが、半年おきに支給されるよりも、二～三ヶ月おきに支給を受けたほうが、手元に常に仕入金を確保しておきたい甚右衛門にとっては好都合だったようだ。先の訴状では、盆・暮の年間二回の交付では迷惑と述べていたが、そうした事情が背景にあった。

「在庫管理」の難しさ――相場が下がったとき大量に仕入れて〝長期保管〟

干草の調達先は、荒川沿いの根葉・徳丸村などの湿地帯だったが、**実際の調達にあたったのは、荒川周辺の農村に住む豪農たち**である。甚右衛門と同じく〝商人の顔〟を持った農民だが、彼らに資金を与えて集めさせた。甚右衛門に相当の資金力がなければ、彼らに手付金《てつけ》を渡すことなど到底不可能だ。

干草を中村家などの豪農に買い集めさせたのは、何も尾張藩だけではない。三百人近くの大名が、豪農を御用達に任命して飼料を調達させていた。干草の買い付けに走る豪農は大勢おり、迅速《じんそく》かつ有利に商談をまとめるためにも相当の資金力が必要であった。

買い取った干草は、すぐ江戸屋敷に運び込んだのではない。**甚右衛門のほうで保管することが求められていた。**しかし、雨に濡《ぬ》れたり土を被《かぶ》ってしまうと、商品価値が下がり、商品にならないものが出てくるため、露天《ろてん》の状態で保管するわけにはいかなかった。

ここに**在庫管理の問題**が出てくる。

中村家は、自分の持っている小屋や近隣の農民の空いている物置《ものおき》を借り受け、刈り取った干草を保管した。干草の相場が下がった時にまとめて買い取り、保管したのだ。そのため、仕入金が足りなければ借金してでも買い集めている。

そして、甚右衛門は尾張藩の必要に応じて、市谷屋敷に干草を送り届けることになっていた。このような飼料調達の事情は、三百諸侯《しょこう》の江戸藩邸に飼料の納入を請け負っていたすべての御用達にあてはまる。

江戸近郊農村には、江戸藩邸の飼料需要に応えるシステムが構築されていた。**しかし、御用達の依頼で干草の調達に走り回る商人や在庫管理を担う農民の存在なくして、そのシステムが成り立たなかった**のもまた事実なのである。

いちかばちかの「百両仕事」?——相場の乱高下と買い取り額をめぐる攻防

甚右衛門が尾張藩から請け負った飼料調達の様子が具体的に分かるのは天保四年

（一八三三）以降だが、その一番の関心事は買い集めた干草の買い取り額だった。

この年の十一月、甚右衛門は一両につき七十八貫目《かんめ》の割合で干草を調達すると請け負ったが、価格の高騰を受け、調達する段《だん》になると六十一貫目しか調達できなかった。そのため、調達資金の増額を尾張藩に願い出ている。

一貫は三・七五キログラムである。一両で二百九十二キログラム調達できると請け負ったものの、実際は二百二十八キログラムしか調達できなかったのだ。

価格高騰の理由は、何よりも天候の不順である。雨天《うてん》がちとなれば、干草相場の上昇は避けられなかった。草が水を含んでしまい、刈り取っても飼料として使い物にならなくなる。

次章「幕末の動乱が『江戸経済』を活性化させた！」で見ていくように、甚右衛門は干草を千貫上納したいと申し出たり、手付金を渡して六千貫の干草を調達させた事例まである。どうやら、千貫単位で納入していたようだ。数千キログラム、いわばトン単位で、甚右衛門は干草の調達を請け負っていた。

一両につき六十貫目の相場ならば、干草六千貫の調達とは〝百両仕事〟だ。一両を十万円とすれば一千万円単位のビジネスであり、甚右衛門が買い取り額をめぐって、尾張藩と激しい駆け引きを展開したのは当然の成り行きだった。

それに拍車《はくしゃ》を駆けたのが、飼料相場の変動の激しさだ。中村家に残る干草関係の史料の多くは、安く調達させたい尾張藩と、請負額を高くしたい御用達・中村家の激しい戦いの記録なのである。

飼料調達は相場が乱高下する〝投機性〟の強い市場であり、損失を被《こうむ》る危険性も高い反面、多大な利益を享受《きょうじゅ》することも可能だった。

次章で見ていくとおり、ペリー（異国船《いこく》）が来航して国内が動揺しはじめると、江戸藩邸内に常備されていた馬の行動範囲は広がる。異国船の来航に備え、江戸湾など各所に出張していくのだ。それに伴い、**飼料の消費はうなぎ上り**となる。馬の需要も高まる。

ここに、中村家のビジネスは新たな展開を見せる。

第四章

幕末の動乱が「江戸経済」を活性化させた！

——戦争という特需

(二)内憂外患と大名屋敷――「庭園の荒廃」が一気に進む

●「ペリー来航」で江戸は大混乱に――諸藩の財政に大きなダメージを与える

幕末に入ると、尾張藩と中村家の関係は新たな段階を迎える。そのきっかけとなった事件こそ、**ペリーの浦賀《うらが》来航**であった。

嘉永六年(一八五三)六月三日、アメリカ東インド艦隊司令長官ペリーが軍艦四隻を率《ひき》いて、浦賀沖に姿を現した。開国を求めるフィルモア大統領の親書《しんしょ》の受理を迫って、江戸湾にも進む姿勢を見せたため、ほとんど〝無防備状態〟だった江戸城下は大混乱に陥る。

ペリー来航は、鎖国《さこく》下の日本に計り知れない衝撃を与える。そして、幕府上層部しかその情報は事前に知らなかったため、江戸は大混乱に陥った。その渦《うず》のなかに、尾張藩と中村家も巻き込まれていく。

ペリーが去った後、幕府は江戸湾防備のため海中を埋め立て、台場《だいば》の建設を開始する。現在も東京湾にその跡が残っているが、翌七年（一八五四）正月のペリー再来航時にはとても間に合わなかった。

幕府は諸大名に対し、江戸城下や江戸湾警備のため藩兵《はんぺい》の出動を命じた。各藩は江戸藩邸常駐《じょうちゅう》の藩士を藩兵として向かわせたが、これは自弁《じべん》であった。**幕府から一切費用は出ていない。藩の財政に大きなダメージを与えるが、江戸藩邸内の庭園も無傷ではいられなかった。**

以下、伊予《いよ》松山藩の事例を見てみよう。

松山藩は芝愛宕《しばあたご》下に上屋敷、三田に中屋敷、深川・目黒《めぐろ》・田町・戸越《とごし》などに下屋敷を持っていたが、これは戸越下屋敷の話である。第一章で松山藩士の家に生まれた内藤鳴雪《めいせつ》の回顧録を紹介したが、ペリー来航時に松山藩は次のような対応を取ったという。

私の藩は今の鈴ケ森あたりから、大井村、不入斗《いりやまず》村へかけての固めを言付かり、私の父もその頃側役から目付に転じていて、軍監をも兼ねるという枢要な地位に居たので、その固めの場所へも勤務した。なんでも大砲が足らぬのに大変に皆が当惑したそうであるが、我が藩では田町の海岸にも下屋敷があるので、ここをも固めねばならぬけれども、大砲が無いので、戸越の下邸の松の立木をたおして、皮を剝ぎこれに墨を塗って大砲に見せかけ、土を堅めて銀紙を貼ったのを弾丸と見せかけ、これを大八車に積んで、夜中に田町の屋敷へ曳込んだということも聞《きい》ている。或る藩では寺の釣鐘を外して来て台場に飾ったそうだ。素晴らしく大きな口径の砲に見えたことだろう（内藤鳴雪『鳴雪自叙伝』岩波文庫）

松山藩は、現在の品川区大井界隈《かいわい》の警備を幕府から命じられた。鳴雪の父が現地に出張しているが、**田町にあった下屋敷（現・港区三田）などは〝江戸湾沿い〟なので、屋敷内に大砲を備え付けなければならなかった。**ところが、肝腎《かんじん》の大砲がなかった。

窮《きゅう》した松山藩では戸越下屋敷内の庭園にあった松を伐採《ばっさい》し、その皮を剝《は》ぎ、墨《すみ》を塗《ぬ》ることで大砲に見せかけ、田町下屋敷に据え付けた。砲弾は、固めた土に銀紙《ぎんがみ》を貼ったものだった。江戸湾警備を命じられた藩のなかには、台場すなわち砲台に据え付けた大砲が、実は寺院の釣鐘《つりがね》という事例も見られた。

●追い打ちをかけた「安政大地震」——江戸の半数近くの大名屋敷が〝被災〟

江戸城下や江戸湾警備のため、諸藩の江戸藩邸が大わらわになっていた情景《じょうけい》が浮かんでくるが、**その代償として藩邸内の〝庭園の破壊〟が進んだ**ことは見逃せない。

この後も、異国船騒ぎが何度となく起きる。それに伴い**藩邸の〝軍事施設化〟**が進行することで、庭園の荒廃《こうはい》がさらに進む。

そうした事情は大名庭園にとどまらない。将軍の庭だった浜御殿《はまごてん》も同じである。現在の旧浜離宮恩賜《はまりきゅうおんし》庭園のことである。

浜御殿が、江戸湾に面した「海辺の庭園」だったことが逆に仇《あだ》となり、軍事色が強い施設に変貌《へんぼう》していったのだ。大砲が備え付けられた上に、警備の人数が多数詰めたため、庭園の荒廃は避けられなかった。浜御殿を軍事施設として改造する計画も、既に幕閣内では練《ね》られていた。

ペリー来航に象徴される外圧のため、江戸藩邸内の庭園の荒廃が急速に進行していくが、別に外圧だけが要因ではない。江戸で起きた「大災害」の影響も要因として挙げられる。

とりわけ、安政二年（一八五五）十月二日に起きた**江戸大地震（安政大地震）のダメージは大きかった**。

この大地震は、約二千人の武士と約五千人の町人の命を奪った。町人地では一万六千棟《とう》が倒壊し、十万人以上の町人が住む家を失った。

江戸藩邸も甚大《じんだい》な被害を受ける。**半数近くの大名の江戸藩邸が被災した**。小石川の水戸藩上屋敷で、前藩主・徳川斉昭《なりあき》の腹心として知られた藩士の藤田東湖《とうこ》が母を助けようとして圧死した悲劇は、幕末史ではよく語られる出来事である。

同じ御三家の尾張藩でも戸山荘が被災しているが、震災だけでは収まらなかった。さらなる災害に見舞われる。翌三年（一八五六）八月、江戸を襲った大風雨のため庭園内の建物が大きな被害を受けている。六年（一八五九）二月には火災にも遭った。

震災、風水災《ふうすいさい》、火災と立て続けに罹災《りさい》した戸山荘は荒廃が一気に進むが、その後十年も経過しないうちに、幕府は滅亡する。この頃には、もはや大名には庭園を楽しむ余裕はおろか、荒廃した庭園を整備する財政的な余裕はまったくなかったのである。

東京湾に面する旧浜離宮恩賜庭園（江戸時代は将軍の庭である浜御殿）

「安政二年江戸大地震火事場の図」（国立国会図書館蔵）

諸藩の〝江戸湾警備〟を支えた御用達――「輸送用の馬」が大量に必要！

ペリー来航を受けて幕府から藩兵の出動を命じられた諸大名の江戸藩邸は、上を下への大騒ぎとなったが、動員されたのは藩士だけではなかった。

そもそも、藩士を現地に派遣するだけで済む話ではない。大砲・鉄砲などの兵器や弾薬、そして兵糧《ひょうろう》も必要なだけ現場に送り届けなければならなかったからだ。

ここで問題となるのは、運送手段である。**輸送用の馬が大量に必要になってくるが、財政難を背景に最小限の馬しか藩邸に常備していなかった諸大名は、その調達にたいへん苦心した。**

こうして、江戸が異国船来航騒ぎに巻き込まれるたびに、江戸藩邸では〝大量の馬〟が必要となる。**そうした事情は馬飼料《しりょう》も同じ**だが、そこで期待されたのが甚右衛門たち御用達《ごようたし》の手腕《しゅわん》なのである。

ペリーが携《たずさ》えてきたアメリカ大統領の国書を受理することで、幕府は何とかアメリカ艦隊を江戸湾から去らせたが、翌七年正月十四日、ペリーは江戸湾に再来航する。やがて日米和親条約の締結となる。開国だ。

小荷駄馬の古写真。明治時代まで物資の運搬は主に馬が使用された
（写真提供：PPS通信社）

一方、諸大名は江戸湾警備などのため、幕府から再び出動を命じられる。藩兵が現場に出動していくが、多数の馬が再び必要となった。尾張藩もその例外ではなく、**中村家に対して「調達可能な小荷駄馬《こにだうま》の数と賃銭」を報告するよう命じている**。小荷駄馬とは、荷物運送用の馬のことである。

翌々日の十六日、馬の轡《くつわ》を取る口取《くちとり》の者を付けて三十七疋《ぴき》調達可能。賃銭は銀十四匁《もんめ》五分と、甚右衛門は上中《じょうしん》した。銀十四匁五分というと、一両の四分の一ぐらいなので数万円だ。その半額が甚右衛門の懐《ふところ》に入るとすれば、かなりの利益となる。

口取の者を付けてというのは、馬を

持っている農民ごと調達することだが、尾張藩が甚右衛門に調達させようとしたのは馬だけではない。飼料の調達も命じたが、干草の調達はもともと甚右衛門の領分だった。

現代で言えば、馬は飛行機や艦船《かんせん》、車両のようなもので、飼料はその燃料。「戦時体制」が敷《し》かれれば、原油価格は高騰せざるを得ない。飼料価格が高騰するのは火を見るよりも明らかだった。

翌十七日、甚右衛門は容易ならざる時節《じせつ》であるとして、干草千貫目《かんめ》を献上すると尾張藩に申し出る。この時の甚右衛門は中村家の八代目で、享和元年（一八〇一）に尾張藩御用に参入した時の七代目・甚右衛門の息子にあたる。

異国船の渡来《とらい》により生じた大規模な需要、つまりは馬飼料の高騰は誰の目にも明らかだった。となれば、馬飼料の調達により莫大な利益が得られる可能性があり、**その御用を年来請け負ってきた「中村家の地位を奪おう」という動きが出てくることは当然、予想された。**

中村家としてはその地位を奪われないようにするため、先手を打って尾張藩に運動する必要があった。それが、干草千貫目献上の申し入れだった。尾張藩は、甚右衛門からの申し出を受け入れている。

二十二日には駄目《だめ》を押すかのように、年来御用を命じられている御礼として、干草を時価より安く納入したいと申し出た。尾張藩の馬飼料御用に新規参入し、中村家の権益を奪取しようという動きが背景にあったのだろう。

江戸近郊の農村には、ライバルの豪農は大勢いた。いつ御用達の地位を失うか分からない。中村家は一瞬たりとも気を抜けなかったのである。

「対外危機」による飼料需要の拡大――大損失を抱え、藩に泣きつくことも

干草千貫目の献上を申し出た甚右衛門だが、独力で調達したのではない。実際に調達にあたったのは、足立郡笹目《ささめ》村（現・埼玉県戸田市）の万吉という者である。

干草六千貫目の調達を請け合った万吉が内金として十両を受け取ったという領収証が、現在、中村家に残されている。当時の相場は一両につき四十五貫目なので、六千貫目を調達するとなると百両以上の仕事だ。**相場が上昇すれば、甚右衛門の利益も増すが、それを期待しての〝大量買い付け〟だった。**

安政三年（一八五六）四月には、飼料三万貫目を即座に用意できるとまで尾張藩に申し立てている。調達業務の下請けをしてくれる万吉のような商人の存在なくし

て、そんな申し立ては不可能だった。笹目村は荒川沿いの村で、先の根葉《ねっぱ》村・徳丸《とくまる》村とは、荒川を挟んだ向かい側に位置していた。

　甚右衛門の飼料ビジネスは拡大を続け、莫大な利益を得る。相場が上昇すると見込んで干草を大量に買い付けたわけだが、良いことばかりではない。やがて、逆に大損失を抱える事態に追い込まれる。

　甚右衛門は近隣の農民の小屋を借りて干草を保管していたが、予想したほど尾張藩では飼料を必要としなかった。**需要を見誤《みあやま》った甚右衛門は窮してしまう。干草とはいえ、長期間置けば品質が落ち、商品価値は下がる。**

　安政二年（一八五五）四月、甚右衛門は自身が囲《かこ》い置いている干草二千貫の買い取りを嘆願している。甚右衛門が損失を被っていたことが分かるが、それだけ飼料相場の見通しを付けることは難しかった。

　ペリー来航後も、異国船来航騒ぎは何度となく起きる。そのたびに大量の馬そして飼料が必要となり、相場は〝乱高下〟を繰り返した。

　飼料相場を相手にしたビジネスは危険を伴ったが、それだけ巨利も期待できる、たいへん魅力的な市場でもあった。ハイリスク・ハイリターンなビジネスに他ならない。

幕末の十数年とは、尾張藩御用達としての中村家の経営手腕がまさに試された時期なのである。

(二)「貿易開始」と経済の大混乱――〝外国の戦争〟という特需

「通商条約の締結」をめぐる混乱――朝廷権威の急浮上と〝安政の大獄〟

嘉永七年（一八五四）三月に幕府は日米和親条約を締結し、続けてオランダ・イギリス・ロシア・フランスとも和親条約を結んだが、これで終わりではなかった。その後まもなく、貿易開始を意味する通商条約の締結交渉がアメリカとの間ではじまる。

駐日総領事《そうりょうじ》として開港したばかりの伊豆《いず》下田に着任したハリスは、安政四年（一八五七）十月二十一日に江戸城に登城する。時の十三代将軍・家定《いえさだ》に拝謁し、通商条約の締結を望むアメリカ大統領からの親書を奉呈《ほうてい》した。これを受け、幕府は通商条約の締結が避けられない旨を諸大名に布告《ふこく》する。同年十二月二十九日のことであった。

既に老中・堀田正睦《まさよし》を首班とする幕閣はハリスとの間で条約締結のための交渉を開始していたが、朝廷の承認を得た形での締結を目指す。いわゆる勅許《ちょっきょ》だ。

よく知られているように、**それまでは将軍のお膝元である江戸が幕府政治の中心だったが、幕末に入ると〝京都〟が政局の舞台として急浮上する。**

それまで幕政を担っていたのは、将軍の家来筋にあたる譜代大名と幕臣団（旗本・御家人）で、意外にも将軍の親族である御三家、親藩《しんぱん》（御家門《ごかもん》）と称された福井藩松平家、会津藩松平家などでさえ、幕府政治には原則として関与できなかった。外様大名に至っては言うまでもない。

そうした前提が崩《くず》れる契機となったのが、嘉永六年のペリー来航だった。対外問題には挙国一致《きょこくいっち》で臨むことが必要という認識のもと、幕府は開国を求めてきたアメリカ大統領の「将軍宛親書」を諸大名に提示し、意見を求める。

従来、親藩大名や外様大名は「幕政から除外」されてきたが、幕府はその慣例を自ら破る。以後、親藩大名や外様大名が国政の表《おもて》舞台に登場しはじめるが、その際、政治利用しようとしたのが京都にいる天皇だった。天皇（朝廷）の権威を活用することで幕府にプレッシャーをかけ、国政進出を目指す。

同じく、幕府も天皇の権威を利用しようとする。堀田は上京して朝廷工作を行い、勅許を得ることで通商条約締結への国内の反発を抑《おさ》え込み、この難局を乗り切ろうとはかった。

しかし、こうした政治手法は自《おの》ずから幕府権威を低下させ、対照的に朝廷権威を浮上させてしまう。幕府が朝廷の政治的立場を認め、かつ強めたことで、朝廷を介して幕政に影響力を行使しようという諸藩の動きを活発化させる結果ももたらした。

朝廷の権威が急浮上し、江戸から京都に政局の舞台が移っていくことになるが、事態を複雑にしたのが**将軍家定の継嗣《けいし》問題**だった。徳川御三家の紀州藩主・徳川慶福《よしとみ》（家茂《いえもち》）を推す南紀《なんき》派と、徳川御三卿の一橋慶喜《よしのぶ》を推す一橋派の対立である。

南紀派は従来、幕政を担ってきた譜代大名が中心で、一橋派は幕政への進出をはかる有力外様大名が中心だった。両派とも朝廷の支持を得ようと、公家たちに活発な工作を行ったため、朝廷の政治力はさらに増す。

両派の争いは、譜代大名筆頭の彦根《ひこね》藩主・井伊直弼《なおすけ》が将軍代行職とも言うべき大老に就任することで、南紀派の勝利に終わる。十四代将軍・家茂の誕生だ。

そして井伊は、勅許つまり時の孝明《こうめい》天皇の許しを得ることなく通商条約を締結する。一橋派は朝廷を介して、その非を鳴らすことで井伊の追い落としをはかるが、逆に井伊の弾圧を受けてしまう。世に言う**安政の大獄《たいごく》**である。

「アロー戦争」と激変する中国情勢――日本が英仏軍の〝兵站基地〟となる？

安政五年（一八五八）六月に幕府はアメリカと通商条約を締結したが、その後、オランダ・ロシア・イギリス・フランスとの間にも、同じく通商条約を結んだ（安政の五ヶ国条約）。同条約に基づき、幕府は箱館《はこだて》・長崎・神奈川・新潟・兵庫の五港を開港したが、その一方で下田港を閉じる。ただし、下田閉港とは外国船が入港できなくなったという意味であり、日本の船はこれまでどおり入港可能だった。

だが、幕府は欧米諸国に五港を開港すると約束したものの、その約束をなかなか履行《りこう》できないでいた。天皇や公家たちが通商条約の破棄を幕府に強く求めたことで、攘夷《じょうい》運動が国内で巻き起こっていたからである。いわゆる「破約《はやく》攘夷」だ。

この段階で開港できたのは箱館・長崎・神奈川（横浜）のみである。新潟・兵庫開港は十年ほど後のことになる。

以後、主に横浜・長崎港を窓口に、国内の産物《さんぶつ》が大量に輸出されていくが、品薄となった産物の価格高騰は避けられなかった。これが導火線《どうかせん》となり、米価をはじめ諸物価の高騰が引き起こされ、国内情勢は悪化していく。

異国船来航騒ぎにより、飼料相場が高騰したことは既に述べた。貿易開始後はさらに高騰するが、意外にも〝中国情勢〟と連動していた。**すなわち、尾張藩御用達・中村家の経営活動は、激変する中国情勢に大きく影響されていたのである。**

話は少し遡《さかのぼ》る。

安政の大地震の翌年にあたる同三年（一八五六）十月、アロー戦争（第二次アヘン戦争）が中国大陸の広州《こうしゅう》で起きた。時の中国は清《しん》王朝である。

同五年（一八五八）五月に、英仏連合軍が要衝の大沽《タークー》を陥落させたことで、翌六月に清と両国との間で天津《てんしん》条約が結ばれる。戦争は終結したはずだったが、六年（一八五九）五月、双方は再び戦闘状態に入る。清の大沽砲台からの攻撃を受け、英仏両国は一敗地《いっぱいち》にまみれた。

この敗北が、東アジア全域における欧米列強軍事力の軽視につながることを恐れた両国は、大規模な遠征軍の派遣を決定する。そこで、**進攻予定地に最も近い開港**

清と英仏派遣軍とのアロー戦争（写真提供：PPS通信社）

場を持つ日本が、英仏派遣軍の〝兵《へい》站《たん》基地〟として俄《にわ》かに注目されはじめた。両国は馬や飼料を日本で調達し、中国大陸に送り込もうと目論む。

　同年十二月二十三日、横浜居留地の外国商人に馬を売りたいと希望する者は代官所に申し出るよう、関東の農村に触《ふ》れが出される。英国駐日総領事オールコックの要請を受けて、幕府が出したお触れだった。

　こうして、開港されたばかりの横浜には関東各地から多数の馬喰《ばくろう》（馬の売買人）が集まってきたが、米国公使ハリスから次のような情報が幕府に入る。**英国による大量の荷馬《にうま》購**

入とは、清とのアロー戦争で使うことがその目的である。オールコックはその事実を伏せて、荷馬購入に関する触れ出しを幕府に要請したのだ。

裏事情を知った幕府は態度を硬化《こうか》させる。取引港は横浜のみとし、購入数の上限を千頭にして欲しいとオールコックに申し入れる。

幕末史の叙述《じょじゅつ》では、英米など諸外国からの要求に、右往左往する幕府役人の姿が描かれることが多い。しかし、そんな情けない役人ばかりではなかった。外国の要求に毅然《きぜん》として対応する役人も確かにいた。

幕府が態度を硬化させた理由としては、次の二点が挙げられる。

馬の大量輸出が、清国の恨《うら》みを買ってしまうこと。そして、国内の乗馬用・耕作用・駄賃《だちん》稼ぎ用の馬不足を招くことの二つだ。

この件は、万延元年（一八六〇）三月十五日に、両国に千頭ずつ売り渡すことで決着する。しかし、イギリスは既に箱館・長崎の開港場でも牛馬を調達しており、三港合わせて二千五百頭前後の牛馬を確保したとされる。イギリスも勝利のためには、背に腹は代えられなかったのである。

同年十月、英仏両国軍は北京《ペキン》に入城する。やがて北京協定が締結され、アロー戦争は英仏両国の勝利で終結した。

●買い荒らされる日本市場――「物価高騰」による巨利のチャンスと社会不安

幕府はアロー戦争用として〝日本の馬〟が英仏両国に売られるのを制限したが、**「横浜に赴《おもむ》いて両国に馬を売ろう」とする日本の馬喰は跡を絶たなかった。**幕府が懸念《けねん》したとおり、国内は馬の数が不足するようになる。その取引の相場は高騰していく。

相場が高騰したのは馬だけではない。そうした事情は飼料や馬具も同じだった。横浜港や長崎港から、戦地へ向けて大量に送られていたのである。

アロー戦争終結の翌年にあたる文久元年（一八六一）六月十七日、甚右衛門は尾張藩から支給された買付資金では請け負った分の飼料が調達できないとして、その増額を願う訴状を提出している。

この訴状によれば、アロー戦争最中の昨年（万延元年）から横浜居留地に外国商人がやって来て、乗馬用の馬と小荷駄用の馬を日本で数百疋も買い求めていたという。その後、日本産の馬は船で中国大陸に運ばれて英仏両軍に転売されたが、商人たちが横浜で購入したのは馬だけではない。飼料も大量に買い上げる。

購入した馬が、中国までの船中で消費する分はもちろん、現地の中国産の飼料に馴染《なじ》むまでの分も見込んで、日本産の飼料を三十万貫目も買い入れたのだ。まさに気の遠くなるような数字である。

実際に買い入れにあたったのは、中村家に干草六千貫目の調達を請け合った笹目村の万吉のような者たちだった。彼らが現地で買い荒らしたことで、一気に飼料価格が高騰したのだ。

高値で売れるということで、買い付けた干草を横浜にどんどん送ったわけだが、その結果、飼料相場は暴騰し、馬を飼う農民たちは窮してしまう。現地では騒ぎも起きていた。

いつの世も、戦争となれば膨大な軍需《ぐんじゅ》が生まれる。英仏両国の中国大陸での戦いを支える役回りを日本は演じていた。

となれば、膨大な需要を見込んで、現地で調達にあたった者が飼料を買い荒らして価格が高騰するのは自然の成り行きなのだが、尾張藩に飼料を納める甚右衛門にしてみると他人事ではなかった。価格の高騰により、買付資金が足りなくなってしまったからだ。

通商条約の締結（貿易開始）後、国内の産物が大量に輸出されて価格が高騰し、国内の社会情勢が悪化するという流れは、歴史教科書の定番の記述となっている。そうした構図が馬飼料でも確認できるが、**その流れに拍車を駆けていたのが中国で起きたアロー戦争なのである。**

アロー戦争は英仏両国と清との戦争だったが、その終結からわずか三年後の文久三年（一八六三）に、今度は日本がイギリスとの開戦危機に見舞われる。開戦前夜となった江戸は大混乱に陥った。

しかし、その騒ぎをよそに、尾張藩御用達の中村家は経営手腕を発揮して巨利を上げていく。

(三) イギリスとの衝突と江戸大騒動――〝開戦危機〟という特需

●「生麦事件」とイギリス軍艦の横浜来航――〝ペリー来航〟を凌駕する混乱

イギリスとの開戦危機により引き起こされた江戸の混乱は、ペリー来航時の状況をはるかに超えるものだったが、不思議なことに、幕末史ではあまり叙述されることはない。むしろ、その原因となった**生麦《なまむぎ》事件**のほうがよく知られているだろう。

生麦事件とは、文久二年（一八六二）八月二十一日に、薩摩藩主・島津茂久《もちひさ》の実父・島津久光《ひさみつ》の行列が東海道神奈川宿《しゅく》近くの生麦村において、騎馬で横切ったイギリス人を殺傷した事件である。

彼らは、横浜の居留地から川崎大師《だいし》方面に向かっていたようだが、その途中、生麦村で東海道を西に下る久光の行列とぶつかってしまう。

この事件に激高《げっこう》したイギリスは、本国から十二隻の軍艦を呼び寄せ、軍事的威圧のもと謝罪と賠償《ばいしょう》金の支払いを幕府に強く迫った。ちょうど、十四代将軍・徳川家茂が江戸城を出て京都に向かおうという時期だったが、イギリス艦隊の動向を危惧し、当初予定されていた海路での上洛《じょうらく》は直前に中止となっている。

イギリス軍艦が横浜港に入ったのは、翌三年二月下旬のことである。開戦も辞《じ》さないイギリスの強硬な態度に、江戸城そして江戸の町は大混乱に陥った。

三月十三日には、市中の婦女子や病人などが江戸近郊へ立ち退《の》くことを幕府は許した。江戸の出入口は避難民でごった返し、特に中山《なかせん》道板橋宿・日光《にっこう》道中千住《せんじゅ》宿・

甲州街道内藤《ないとう》新宿の喧噪《けんそう》は甚《はなは》だしかった。

この頃、後に慶應義塾大学の創始者となる福沢諭吉《ゆきち》は中津《なかつ》藩士の身分のまま、幕府の外国方に出仕《しゅっし》し、江戸城内で翻訳事務にあたっていた。その時の江戸の様子を後年次のように語るが、イギリス側の強硬な態度を伝える書簡《しょかん》を翻訳する立場にいたのが、他ならぬ諭吉だった。

　ところでいよ〳〵償金を払うか払わないかという幕府の評議がなか〳〵決しない。その時の騒動というものは、江戸市中そりゃモウ今に戦争が始まるに違いない、何日《なんにち》に戦争があるなどという評判（中略）私はその時に新銭座に住まっていたから、迚《とて》もこりゃ戦争になりそうだ、なればどうも逃げるより外《ほか》にしようがないと、ソロ〳〵逃支度《にげじたく》をするというようなことで、ソコでいよ〳〵期日も差迫《さしせま》って、今度はもう掛値《かけね》なし、一日も負からないという日になった、というのを私は政府の翻訳局に居て詳《つまび》らかに知っているからなおたまらない（『新訂 福翁自伝』ワイド版 岩波文庫、一九九一年）

イギリスの要求に屈して賠償金を支払うかどうかをめぐり、江戸城内では〝小田原評定《ひょうじょう》〟が展開されていた。その裏には、攘夷の実行を求める朝廷からの激しい突き上げがあった。朝廷からすれば、打ち払うべき外国に賠償金を支払うなど到底容認できることではない。幕府は賠償金を支払えない状況に追い込まれていた。

しかし、**イギリスの要求が受諾できなければ開戦**となる。

そんな緊迫した状況が江戸市中に伝わり、大混乱に陥っていたわけだ。**幕府は婦女子や病人の江戸からの立ち退きを許したが、逆に混乱に拍車を駆ける結果**となったのは皮肉なことであった。

江戸は「火の海」になる？——婦女子に〝帰国〟を命じた尾張藩邸の大騒動

そうしたなか、尾張藩の江戸屋敷で大騒動が持ち上がる。

三月一日、江戸城に登城した藩主・徳川茂徳《もちなが》はイギリスが幕府に突き付けてきた強硬な要求を知り驚愕《きょうがく》する。**開戦の危機を感じた茂徳は市谷屋敷に戻ると、市谷屋敷に限らず江戸屋敷内の婦女子に対し、今夜中に帰国の支度《したく》をするよう命じた。**

屋敷内は灰神楽《はいかぐら》の立つような騒ぎとなったが、ようやく四日朝になって、婦女子たちは中山道を経由して帰国の途《と》につく。本来ならば東海道を経由して名古屋に向かうところだが、**太平洋沿いの東海道を経由すると、横浜港停泊中のイギリス軍艦による襲撃の危険性がある**と考え、中山道経由で帰国させたのだ。

一方、四谷《よつや》の道具屋が市谷屋敷に呼ばれ、婦女子の持ち物のなかで持ち帰れないものが売り払われている。百両の品も二〜三両で売り払ったという。**戦争になれば江戸は火の海となり、市谷屋敷もただでは済まない**。だから、二束三文《にそくさんもん》でも売り払ってしまおうとしたのである（『嘉永明治年間録』下、厳南堂書店、一九六八年）。

茂徳が江戸藩邸内の婦女子に帰国を命じた同じ三月一日、甚右衛門は尾張藩から明日出頭するようにという通知を受けた。翌二日に甚右衛門が出頭したところ、小荷駄用の馬を二十九疋調達するよう命じられる。ペリー来航時に続けて小荷駄馬の調達が命じられたが、当時、人馬の雇い賃は高騰していた。

開戦危機となると、物価が上昇するのは世の習いであり、この時も例外ではなかった。

その上、イギリスとの開戦危機を受けて緊急に人馬を調達しようとしたのは、尾張藩だけではなかった。**どの藩も御用達を通じて人馬の調達をはかったため、江戸近郊の農村では人馬の日当《にっとう》が暴騰する。**

〝超売り手市場〟となっていたのである。

尾張藩からの「巨額の足留銀」――人足千五百人と、馬二十疋が待機する

三月四日、甚右衛門は尾張藩から小荷駄用の馬の調達を命じられたのを受け、一疋につき日当は銀十四匁五分と申し立てたが、足留銀《あしどめ》を二匁支払って欲しいとも願っている。

足留銀とは、実際には徴用《ちようよう》されず、指示に備えて待機させておくための賃銭のこと。尾張藩から命令があり次第、市谷屋敷に向かわせることになるが、その時は二匁から十四匁五分に増額されるわけだ。

もちろん、これは一日分である。待機させる日数が増えれば増えるほど、尾張藩の負担は増し、甚右衛門の利益が増える仕組みになっていた。

三月七日、甚右衛門は人足《にんそく》ならば千人都合できるが、日当は一人あたり銀六匁五分、足留銀は九分と尾張藩に申し立てた。小荷駄用の馬の場合と同じく、尾張藩から出動の命令が下ると、九分から六匁五分に増額されるが、**千人の人足となれば足留銀だけでも尾張藩にとっては巨額の出費だった。**

一方、甚右衛門や足留だけで済む農民にとっては、実に美味しい話である。

表7　尾張藩邸徴用人馬・足留一覧
（文久3年3月11日〜5月26日）

期間	人馬数（足留銀）
3月11日	1500人（23両2分と7匁5分）
3月12日〜20日	1000人（142両2分）
4月1日〜2日	1000人（31両2分2朱と2匁5分）
4月3日〜5月1日	878人（389両1分2朱と6匁3分）
5月2日〜11日	504人（79両3分）
5月12日〜21日	454人（71両3分2朱）
5月22日〜26日	250人（不明）
小計	738両3分2朱と16匁3分
3月11日〜25日	20疋（15両）
4月11日〜5月1日	15疋（15両1分）
小計	30両1分
総計	769両2朱と16匁3分

「奉差上御請書之事（小荷駄馬御用ニ付）」『中村家文書』などにより作成

甚右衛門が調達した人足とは、戸塚村や近隣農村の農民だろう。普段より、汲み取りや庭園整備の業務などを通じて周辺地域に**〝太い人脈〟**を持っていたが、それを活かして農民を集めようとしたのだ。庭園整備の時と同じく、近隣農村の有力者を通じて確保したに違いない。

待機させられた農民たちは農作業に出てもよかったが、尾張藩の要請を受けて出動となると人足に変身する。しかし、要請がなければ、そのまま農作業が続けられた。その上、足留銀が貰《もら》えたのである。

三月十一日、甚右衛門は尾張藩の要請を受けて人足千五百人と馬二十疋を待機させた。いざ開戦となった場合は、物資を運ぶ人足や馬が必要となるため、尾張藩としてはどうしても人馬を確保しておく必要があったが、**これだけで二十両以上の出**

費だった。

翌十二日からは五百人の足留めが解除されたため、待機人数は千人となる。この状態が八日間続く。

二十一日から十日間ほど、人足の待機は不要だったが、四月一日になると、再び千人を待機させるよう尾張藩から命じられる。**イギリスとの緊張関係に応じて待機させておく人足数を調整した格好**だが、こうした事情は他藩でも同じだろう。

その後、表7のように、事態の推移に合わせて段階的に人馬数が減らされていく。

五月九日、幕府がイギリスの要求に屈して賠償金を支払ったことで開戦の危機は去るが、尾張藩が中村家に用意させた人馬の足留がすべて解除されたのは同二十七日のことであった。

〝開戦騒ぎ〟というバブル状態――御用達の「人材派遣サービス」の本領発揮

今回の騒動で尾張藩が甚右衛門に支払った金額は、足留銀だけで約八百両にものぼった。結局のところ、三月一日に調達が命じられた小荷駄用の馬二十九疋以外、尾張藩が実際に徴用した人馬はなく、人馬を待機させただけで終わった。**尾張藩としては、無益《むえき》の出費と感じざるを得なかった。**

三月十七日以降は、尾張藩の牛込揚場《うしごめあげば》（現・新宿区揚場町）や飯田町《いいだまち》の堀留《ほりどめ》揚場（現・千代田区富士見《ふじみ》町）から市谷屋敷や戸山屋敷に大量の米を運び込む御用も、甚右衛門は請け負う。開戦となれば兵糧が必要となるが、両屋敷に運び込まれた米の総量は五千俵《ぴょう》をはるかに超えた。甚右衛門に支払われた運送代も、約二百両に及んだ。

人馬の足留銀と合わせると、尾張藩は中村家に、千両以上も支払ったことになる。そのコミッション料も数百両に及んだが、これは中村家だけにあてはまることではない。他の大名も開戦に備え、御用達を通じて大量の人馬を確保したからだ。兵糧米も運び込んだことだろう。

諸大名にしてみれば手痛《ていた》い臨時出費だが、**江戸近郊農村にとってみれば臨時収入、特需に他ならない**。その恩恵を受けたのが、コミッションビジネスを展開する甚右衛門たち御用達なのである。

これはまさしく、**人材派遣サービス**と言えるだろう。となると、中村家が確保した農民たちは、実際には派遣されてはいないが、形式上では「派遣」ということになる。前章で見た庭園整備に動員した杣《そま》人足や掃除人足も派遣であり、中村家はその事業者だった。

イギリスとの開戦騒ぎは莫大な出費を強いられた諸大名にとり、まさしく災難だった。しかし、**突如《とつじょ》、巨大市場が江戸に生まれ、江戸近郊の農村に江戸藩邸から巨額の金が流れ込んで〝バブル状態〟となり、巨利を上げた者がいた**のも事実だ。江戸経済に計り知れないインパクトを与えていたのである。

武士への〝身分上昇〟を目指す――「尾張徳川家」ブランドの付加価値は？

戸塚村や近隣農村の農民を人足として待機させる一方、市谷屋敷などに米を運び込んでいた最中の三月二十二日、甚右衛門は待機させている人足について尾張藩から問い合わせを受ける。当藩に利益をもたらすような活用方法はあるか、と問われたのだ。

千人もの人数を実際徴用もせず、ただ待機させ、足留銀を支払っているだけでは何の実益もない。それだけで、毎日二十両ほど尾張藩の金庫から消えていく。何とかならないかというわけだが、当時、諸大名の江戸藩邸が共通して抱える悩みでもあった。

この問い合わせを受けた甚右衛門は、足留銀を一切受け取らない代わりに、永代《えいたい》扶持《ふち》を与える旨の御墨付《おすみつき》の拝領を願い出る。**足留銀は一切自己負担する代わりに、永久に尾張藩の俸禄《ほうろく》を頂戴したい。数百両以上の利益をふいにしても、甚右衛門は尾張藩士つまりは〝武士〟になりたかった**ことが分かる。

今までの尾張藩と甚右衛門の関係を整理してみたい。

甚右衛門は毎年、年頭に市谷屋敷へ参上して藩主に拝謁（御目見得《おめみえ》）することが許されていたが、拝謁の機会はそれだけではない。文政十年（一八二七）八月十五日に十代藩主の斉朝《なりとも》が隠居し、田安徳川家から養子に入っていた斉温《なりはる》が十一代藩主となったが、同年九月に代替りに伴う拝謁を先例に基づき許可されている。

天保十年（一八三九）三月二十六日、田安家当主の斉荘《なりたか》が斉温の跡を継いで十二代藩主に就任し、翌十一年（一八四〇）に最初の御国入《おくにい》りをすることになった時には、甚右衛門は尾張藩の御用を勤めている御礼として、小荷駄用の馬を一疋献上した。悴《せがれ》・万太郎に、国元の名古屋まで御供《おとも》をさせたいという願いも許されている。

年頭や代替りの際に、御用達として江戸藩邸に出入りしている町人や農民が藩主への拝謁を許されるのは、別に珍しいことではなかった。**拝謁が許された町人や農**

民にとり、それは特権と認識されていた。社会的なステータスを高めるのに一役買っており、彼らの名誉欲が満たされるのである。

足留銀をめぐるやり取りから、武士への憧《あこが》れが甚右衛門には非常に強かったことが分かるが、それは甚右衛門だけにあてはまるものではない。この時代、武士になりたがる農民や町人は実に多かった。

江戸時代と言うと、士農工商《しのうこうしょう》の身分が固定しているイメージが強いが、武士の株《かぶ》を購入できれば、町人でも農民でも武士になるのは別に難しいことではない。与《よ》力《りき》の株は千両、将軍の身辺警護役を勤める御徒《おかち》の株は五百両が相場だ。大金には違いないが、それでも武士になりたい町人、農民は跡を絶たなかった。

藩主への拝謁は名誉欲を満たすと同時に、当人の社会的なステータスをアップさせたが、さらに扶持を受けたり、苗字帯刀《みようじたいとう》を許されるとなると、それ以上の名誉である。藩から俸禄を頂戴し、帯刀が許されるのであるから、名実ともに〝藩士の一員〟として加えられたようなものだった。

こうした処遇の背景には、概して財政難があった。

時代が下るにつれ、どの藩も借財《しやくざい》に悩まされたが、それを立て替えした豪農や豪商には扶持を与えたり、苗字帯刀を許している。彼らにしても武士になりたい強い願望があり、その心理に応えたわけだが、**実質的には〝武士身分を売り渡す〟ことで財政難を凌《しの》ごうとした格好である。**

既に中村家は尾張藩主への拝謁を許されていたが、永代扶持も受けることで、正式に尾張藩家臣団への参入をはかろうとする。この社会的ステータスの上昇が、ビジネスにプラスに働くという判断もあったに違いない。

尾張藩御用達として箔《はく》がさらに付き、人やモノも集めやすくなる。人材派遣ビジネスに、尾張徳川家という「ブランド」が有利に作用していた構図が見えてくる。

しかし、尾張藩は甚右衛門からの申し出を認めなかった。四月四日、尾張藩が今後人足を千人必要とした時に、そのうちの百人分の足留銀は受け取らない。その代わり三人扶持を与えて欲しいとする願書を甚右衛門は重ねて提出したが、この願いも認められなかった。

結局のところ、尾張藩と中村家の関係は年頭や代替りの際の拝謁にとどまった。扶持支給のハードルは高かったのである。

本当の「対外戦争」の勃発！――〝多大な出費〟を余儀なくされた幕府と諸大名

この文久三年（一八六三）という年は、幕末史において画期となった年だった。**幕府が朝廷に押し切られて攘夷を実行すると約束した年**であり、攘夷決行の期日は五月十日と定められる。

この日、長州藩は攘夷の魁《さきがけ》を勤めると称し、関門《かんもん》海峡を航行していたアメリカ商船に下関《しものせき》砲台から砲撃を加えた。続けてフランス商船にも砲撃するが、砲撃を加えられた両国は黙っていなかった。

その直後の六月、両国は軍艦を下関に急派。長州藩が持つ軍艦を撃沈し、砲台も破壊した。早速、長州藩は報復攻撃を受けたが、それを上回る大規模な攻撃が翌年八月に実行される。四ヶ国連合艦隊による下関砲撃だ。

長州藩による攘夷決行の直前、イギリスから生麦事件の賠償金支払いを求められていた幕府は回答を引き延ばしていたが、業《ごう》を煮やしたイギリスは最後通牒《つうちょう》を突きつける。五月九日を最終期限とした。

ここに至り、幕府はイギリスの要求に屈して賠償金を支払った。ひとまず、イギリスとの開戦危機は去ったが、当事者の薩摩藩との交渉はこれからであった。

六月二十二日、イギリスは軍艦七隻を鹿児島湾に向かわせ、薩摩藩に犯人の処刑と賠償金の支払いを求めたが、交渉は難航する。しびれを切らしたイギリスは、薩摩藩の蒸気船三隻の拿捕《だほ》に踏み切る。七月二日のことである。賠償金の代わりにしようとしたが、これを見た薩摩藩は開戦を決意する。

天保山《てんぽざん》砲台からの砲撃を合図に、薩摩藩はイギリス艦隊への砲撃を開始した。薩《さつ》英《えい》戦争の勃発《ぼっぱつ》である。薩摩藩の大砲は旧式だったが、命中弾が多く、旗艦《きかん》ユーリアラス号では艦長まで戦死している。

イギリス側も激しく応戦した。薩摩藩の大砲とは比較にならないほどの射程距離を持つアームストロング砲を駆使することで、大半の砲台の破壊に成功する。城下は火の海となるが、四日には鹿児島湾を去ってしまう。弾薬や燃料が欠乏し、戦闘の継続が難しくなったからだ。その後、戦闘が再開されることはなく、薩摩藩はイギリスとの和平交渉に入ることになる。

下関と鹿児島では〝対外戦争〟が勃発したが、幕府がイギリスに賠償金を支払ったことで、開戦前夜の状況に陥っていた江戸は火の海とならずに済んだ。

しかし、その代償として江戸は大混乱となる。諸大名は多大な出費を余儀なくされたが、その裏で江戸藩邸出入りの御用達たちは巨利を得ていたのである。

第五章

寂れていく「江戸の大名屋敷」

――幕府の消滅とともに

(一)参勤交代制の〝緩和〟と江戸——幕政改革がもたらした動乱

「参勤交代制」改定の動き——〝経費削減〟で諸大名を国防に専念させる

嘉永六年(一八五三)六月三日のペリー来航に象徴される一連の外圧を受け、幕府は本腰を入れて軍事力の強化に取り組むが、日本は島国でもあり、その課題を果たすには挙国一致《きよこくいっち》で臨むことが不可欠だった。すなわち、諸大名に海岸防備の強化を強く求めたが、その前には〝**財政難**〟**という深刻な問題**が立ち塞《ふさ》がっていた。

そこで幕府が打ち出したのが、文久二年(一八六二)閏《うるう》八月の〝**参勤交代緩和令**〟である。**江戸在府の期間を短縮することにより江戸での出費を軽減させ、その分、諸大名をして軍備を充実させること**を目指した。

しかし、同令の布告を境《さかい》に江戸の大名屋敷は寂《さび》れていく。

幕末の政治で重要な役回りを演じた大名に、**越前福井藩主の松平慶永《よしなが》がいる。号《ごう》**

は春嶽《しゅんがく》。以下、春嶽で話を進める。

春嶽は徳川御三卿の一つ田安徳川家に生まれ、同じく親藩大名の越前松平家の養子となる。親藩大名であったため幕政には関与できなかったが、ペリー来航という未曾有《みぞう》の国難を追い風に幕政進出をはかる。

嘉永六年八月、春嶽は諸大名の妻子を当分の間、国元に戻すよう提案する。妻子を江戸に置いたままでは、諸大名は国元で海防に専念できない。妻子の帰国を許すことで、心置きなく国防にあたらせたいというわけだ。

松平春嶽（国立国会図書館蔵）

薩摩藩支藩の佐土原《さどわら》藩主・島津忠寛《ただひろ》も、アメリカ艦隊再来航時には沿岸警備にあたる諸大名すべてに帰国を許すこと、次期藩主である世継ぎだけ三年か五年に一度参勤させることを提案している。

両案とも幕府には取り上げられなかったが、翌七年正月にペリーが再来航し、日米和親条約の締結が時間の問題となると、同年二月、春嶽は幕府に再び建白《けんぱく》書を提出する。その趣旨は以下のとおりである。

諸大名に妻子の帰国を許すこと。将軍や幕閣に対する、諸大名からの献上品や進《しん》物《もつ》を全廃すること。三年か四年に一度の参勤に改めること。

妻子を帰国させる意図は既に述べたとおりだが、献上品や進物の全廃、三年か四年に一度の参勤は、諸大名の出費を減らすことが目的だった。

当時は年始から歳暮《せいぼ》まで季節の行事ごとに、諸大名は将軍や幕閣に献上品や進物を届けることが義務付けられていた。参勤した時も同様である。だが、**諸大名には重い負担となっていた。老中など幕府の要職者にとっては役得《やくとく》だった。**

贈り主は三百諸侯もいるわけであり、進物代の総額は老中一人につき年額二千両、若年寄《わかどしより》一人につき千両にも達したという。全廃となると老中たちにとっては痛手だが、贈り主としては助かる。

そして三年か四年に一度の参勤となれば、二年か三年分の往復の経費が浮く。その分、江戸在府中の出費も浮く。

将軍や幕閣への贈り物という名の出費はもちろんだが、それ以上に往復の旅費と江戸在府中の出費が減ることで、諸大名は軍事費を大幅に増やせる。海防、つまり外国からの侵略を防げるという論法《ろんぽう》であった。

安政の幕政改革――参勤交代緩和は〝幕府の存立〟を危うくする「反対論」

三月四日、幕府は春嶽の建白書に対して次のように回答している。妻子の帰国、三年か四年に一度の参勤は認められない。

参勤交代制度とは、幕府による諸大名統制の〝根幹《こんかん》〟である。人質として妻子を将軍のお膝元の江戸に常駐させ、大名自身にも隔年の江戸参勤を義務付けることで、幕府への叛逆《はんぎやく》を防ぐ効果が期待できた。

これを自ら緩《ゆる》めることは、諸大名の自立化を強め、幕府の存立《そんりつ》自体が危うくなるという危惧が幕府にはあったのだ。これから見ていくように、実際そのとおりとなってしまう。

ただ、幕府にしても諸大名の負担を軽減させることで軍事費を充実させたい意図は、春嶽と共有していた。よって、日米和親条約締結直後の六月に幕政改革三十七箇条を起草《きそう》し、幕府内に通達する。いわゆる安政の幕政改革の開始だ。

この改革宣言では、人材の登用や武備の充実に力を入れる方針が明示されたが、春嶽の建白書の趣旨も一部取り入れられていた。諸大名による献上物の三分の二減

「温故東の花 旧諸侯参勤御入府之図」。長州藩主の毛利敬親が1000人もの参勤交代行列を連れて、江戸の高輪付近を通る様子を描く（国立国会図書館蔵）

「千代田之御表 玄猪諸侯登城大手下馬之図」（国立国会図書館蔵）

はその一例である。

大名の負担軽減という意味では、毎月一日や二十八日の登城免除。関八州《かんはっしゅう》の諸大名妻子・家臣の帰国奨励《しょうれい》も含まれる。しかし、参勤交代制自体はそのままであり、春嶽の不満は溜まっていく。

春嶽はその後も何度となく、三年か四年に一度の参勤、つまり参勤交代の緩和を幕閣に建言する。しかし、その意見が容《い》れられることはなかった。

やがて、十四代将軍をめぐる政争に一橋派の有力大名として深く関与した春嶽は、政敵だった大老・井伊直弼《なおすけ》のため隠居に追い込まれる。安政五年（一八五八）七月五日のことである。

しばらくの間、春嶽は雌伏《しふく》を余儀なくされるが、同七年（一八六〇）三月三日に江戸城桜田門《さくらだもん》外で井伊が殺害されると、幕政の表舞台に登場するレールが敷《し》かれていく。

ここに、参勤交代制度の改定が時間の問題となる。

文久の幕政改革――「国政進出」を狙う島津久光と、春嶽がタッグを組む

桜田門外の変後、幕閣の中心となった老中・安藤信正《のぶまさ》は老中首座・久世《くぜ》広周《ひろちか》とともに、井伊の遺志を継いで孝明天皇妹の和宮《かずのみや》降嫁《こうか》を実現しようとはかる。十四代将軍・家茂の御台所《みだいどころ》として、江戸城大奥に迎えようとした。

いわゆる**「公武《こうぶ》合体路線」**により、井伊の横死《おうし》で失墜《しっつい》した幕府権威の復活をはかったが、従来、幕政から排除していた外様大名に対しても国政参画を容認するようになる。合わせて挙国一致を目指したが、それだけ幕府の力が落ちていたということでもある。

ただし、外様大名にしても、自らの力だけで国政進出を実現していったのではない。前章で述べたとおり、**朝廷（天皇）の権威を後ろ盾《だて》にする形で国政進出をはかった**。将軍といえども天皇から任命された役職であり、天皇が将軍より上位に位置していたことを利用したのである。

外様大名のうち、最初に幕政改革という形で国政参画に成功したのは、薩摩藩島津家だった。文久二年（一八六二）三月十六日、藩主・島津茂久の実父・島津久光

が千人もの藩兵を率いて上京の途《と》に就く。そして勅使《ちょくし》・大原重徳《おおはらしげとみ》を奉《ほう》じ、京都から江戸へと向かった。

朝廷の権威（勅使）を後ろ盾に幕政への進出をはかる久光が江戸に入ったのは、六月七日のことである。

まず、勅使大原をして**幕府“最高人事”への介入を試《こころ》みる。**徳川御三卿の一橋家当主・慶喜を将軍後見職《こうけんしょく》に、福井前藩主・松平春嶽を大老職に起用するよう幕閣に求めた。

春嶽は久光の亡兄《ぼうけい》・斉彬《なりあきら》とともに、一橋派として慶喜の十四代将軍擁立《ようりつ》をはかった人物でもあった。斉彬とは“同志”のような間柄だった。

島津久光（国立国会図書館蔵）

久光としては慶喜と春嶽を幕閣に送り込むことで、幕政への発言権を確保しようとしたのである。薩摩藩兵《はんぺい》千人という軍事力をもって時の幕閣を威嚇《いかく》し、慶喜を将軍後見職、春嶽を大老職相当の政事総裁職《せいじそうさいしょく》に就けることに成功する。慶喜が後見職に就任したのは七月六日。春嶽が総裁職に就任したのは同九日のことである。

早速、久光は二十三〜四箇条にも及ぶ幕政改革の意見書を慶喜に提出する。そこには、参勤の緩和や諸大名妻子の国元居住などが提案されていた。

こうした薩摩藩の要望を追い風として、春嶽は幕政改革をはかる。

その大きな柱の一つが、参勤交代制の緩和だった。ペリー来航以来、春嶽が参勤交代制緩和や大名妻子の帰国などを幕閣に建言していたことは既に述べた。

だが、参勤交代制の緩和は老中たちの激しい抵抗を受ける。諸大名の自立化を強め、幕府の存立自体危うくなるとやはり危惧していたからである。

そのため、春嶽は非常《ひじょう》の策を取る。病《やまい》と称して江戸藩邸に閉じこもり、江戸城に登城しなくなった。

当時、春嶽は〝総理大臣〟のような立場であったから、当然のことながら政務が滞《とどこお》ってしまう。老中たちは登城を求めるも、春嶽が藩邸から出ることはなかった。

その間、春嶽は腹心の横井小楠《しょうなん》をして、幕府内の実務官僚への説得工作にあたらせた。小楠は春嶽の期待に応えて反対派を切り崩す。最後まで参勤緩和に抵抗していた老中・板倉勝静《かつきよ》も折れた。

ここに至り、春嶽は登城を再開する。日ならずして、参勤緩和などを骨子《こっし》とする文久の幕政改革令が内定した。

●「江戸在府期間」の短縮と大名妻子の帰国——江戸から〝莫大な金〟が消える

文久二年閏八月十五日、将軍家茂は江戸城黒書院《くろしょいん》に出座《しゅつざ》し、諸大名宛の上意《じょうい》書を達した。**参勤交代の緩和を通じて、諸大名は〝軍事力の強化〟に努めるように**という趣旨であった。

その上で、同二十二日に参勤交代緩和を趣旨とする改革令が発せられた。以下、内容を要約してみよう。

諸大名の江戸参勤は、以後三年に一度。江戸在府期間は百日に短縮。ただし、御三家など徳川家に近い大名は一年のまま。

江戸藩邸に置いていた妻子は、国元に帰国させても構わない。大名が現在国元に戻っている場合は、江戸藩邸には多くの家臣を置かないようにせよ。

さらに、**年始・八朔《はっさく》・参勤・家督相続以外の儀礼に伴う将軍への献上物、幕閣への進物は全廃とする。**

この一連の改革令により、諸大名の出費は大幅に減少した。ここで言う出費とは参勤交代の経費、江戸滞在費、幕閣の役得となっていた進物代である。その分、幕府としては諸大名が軍備を充実させることを期待した。

ところで、参勤交代制の緩和には前例があった。八代将軍・徳川吉宗《よしむね》の時のことである。

享保《きょうほう》七年(一七二二)七月、幕府は諸大名に向けて、石高《こくだか》一万石につき百石の割合で米の上納を命じる代わりに、**参勤交代制を緩和する上米令《あげまい》を発した**。諸大名に上納米を命じる代わりに、江戸在府期間を一年から半年に短縮する。

上米令が発令された頃、幕府は旗本や御家人に給与(扶持米《ふちまい》)を支給できないほどの財政難にあった。そこで、吉宗は参勤交代制度の緩和とセットの形で、緊急避難的に諸大名に上納米を命じることで急場を凌ぎ、その間に財政再建をはかろうとする。

上米令は同十五年(一七三〇)に廃止されるが、十年弱、諸大名の江戸在府期間は半年に短縮されていた。

だが、**在府期間を短縮したことで諸大名の歳出は大幅に減少したものの、その分、江戸経済は大打撃を被《こうむ》る**。既に述べたとおり、**江戸の消費経済は参勤交代の制

度、すなわち諸大名が江戸在府中に落とす〝莫大な金〟に大きく依存していたからだ。

享保九年（一七二四）閏四月には、在府期間短縮後の江戸市中の状況が、次のとおり町名主《まちなぬし》から町奉行所に報告されている。

諸大名の江戸藩邸からの膨大な需要で生計《せいけい》を立てる商人や職人が、仕事の激減のため江戸での生活が困難となり、江戸を離れざるを得なくなっている。諸大名が江戸に半年間在府しただけで国元に帰国してしまうため、諸大名相手の商売や大名から発注される普請《ふしん》などが、その分、減ったことが理由だった。

幕府の財政補塡《ほてん》のために取られた苦肉《くにく》の策が、江戸の都市経済を〝沈滞化〟させていた構図が見えてくる。

そのため、江戸の景気回復が町奉行の大きな課題となる。物見遊山《ものみゆさん》の奨励など様々な形で江戸の消費経済に刺激を与えようと試みる。この時、江戸の経済活性化のため知恵を絞《しぼ》った町奉行こそ、今も名を残す大岡忠相《ただすけ》であった。

今回の緩和は幕府財政の補塡ではなく、諸大名の財政にゆとりを与えて軍事費に振り向けることが目的だった。 前回は江戸の経済不況を招来《しょうらい》したが、今回も同じ結果が待っていたのである。

「大不況」に陥った江戸の消費経済！――宿場や街道筋にも致命的なダメージ

将軍吉宗の時に実施された参勤交代の緩和では、一年の在府期間が半年に短縮されたが、**今回はさらに短縮されて百日となった。その上、三年に一度の参勤であり、長期的に見れば在府期間はより短くなる計算であった。**

それまでは国元に一年在国して江戸に一年在府だったが、吉宗の時に国元に一年半在国して江戸に半年在府（約十年間）。今回の家茂の時は、国元に二年半以上在国して江戸に百日在府となったからだ。

在府期間の大幅な短縮は、出費減に直結する諸大名にとっては歓迎すべきことであった。その分、江戸の消費経済が大打撃を被るのは避けられなかった。

江戸藩邸を相手に生計を成り立たせていた商人や職人たちは、たちまちのうちに干上《ひあ》がる。現代風に言うと、倒産や転職、あるいはリストラの嵐《あらし》が吹き荒れる。江戸は不景気のどん底に陥った。

そうした事情は、御用達《ごようたし》として生活物資を納入していた日本橋の豪商や、中村家のような江戸近郊の豪農にしても同じである。経営悪化は避けられなかった。

そのため、失職した者や暮らし向きが苦しくなった者たちの怨嗟《えんさ》の声は、必然的に春嶽へと向けられる。登城する春嶽の行列へ襲撃が仕掛けられるとの噂《うわさ》も絶えなかった。「第二の井伊直弼」にもなりかねない状況だった。

以後、江戸は不景気の時代が長く続くが、参勤交代制の緩和で大打撃を受けたのは江戸だけではない。

参勤交代の行列が通過する宿場や街道筋《すじ》にしても同じである。それまでは宿場にしても街道にしても毎年行列が通過していたが、それが三年おきとなったからだ。

街道を行く参勤交代の行列を描いた「東海道名所風景 佐屋」（国立国会図書館蔵）

さらに、帰国した諸大名が再び江戸へ参勤することはもはやなかった。宿場や街道にとっては、これもまた致命《ちめい》的なダメージとなる。

参勤交代制の緩和は、江戸は言うに及ばず、参勤交代の行列が行き来した〝街道筋の光景〟も一変させたのである。

●幕府の威信が低下する〝悪循環〟――将軍は江戸ではなく「京都」にいる？

政事総裁職・松平春嶽主導の参勤交代緩和令は江戸経済に深刻な影響を与えたが、政治的な影響はより深刻だった。

吉宗の時は諸大名妻子の帰国までは許可しなかったが、今回帰国を許可したことで諸大名の自立性は自《おの》ずと高まる。**対照的に、幕府権威は失墜した。妻子を人質に取っていたからこそ、幕府は諸大名を統制できたのである。**

こうして、幕府と諸大名の関係は一変する。

参勤交代制の緩和とはその廃止ではない。江戸在府の義務も、三年間で百日あった。

しかし、政局の舞台が江戸から〝京都〟に移ったこともあり、参勤交代制は空文《くうぶん》化していく。**諸大名は江戸参勤することがなくなり、代わりに京都か国元にいるのが通例となる。参勤交代制は自然消滅の過程をひた走る。**

これから述べていくように、江戸をお膝元とする将軍さえも上洛《じょうらく》してしまう。その上、将軍にしても京都や大坂など上方《かみがた》にいる期間が長くなる。

江戸は事実上、「将軍不在のお膝元」となっていく。
となれば、諸大名が江戸に参勤する意味はもはやない。**将軍が江戸にいれば江戸参勤の義務が生じるが、将軍が京都にいるとなれば、京都に参勤しなければならないからだ。**

それは、朝廷権威を一層《いっそう》浮上させる結果を招く。さらなる幕府権威の失墜は避けられなかった。

参勤交代制度の緩和が招いた幕府権威の失墜、そして社会の動揺を取りあげた「ちょぼくれ」がある。「ちょぼくれ」とは、小さい木魚《もくぎょ》を叩きながら節《ふし》をつけて口早に謡《うた》う俗謡《ぞくよう》で、幕政批判が込められている場合が多かった。以下紹介するのは、春嶽が槍玉《やりだま》にあがっている「ちょぼくれ」だ。

福井の坊ちゃん（越前福井の城主松平家、俗に越前という）何して居なさる、お前は田安の正統の人だぞ、殊に一旦政治を執《と》ったる、肩書御所持の御身じゃ無いかえ。今の騒動はお前が篦棒、諸侯の奥方国許住居と、やらせたことから起ったことだよ。お家は元来立派な御家門、何はさておき出でずばなるまい。向う鉢巻、七つ道具をしっかり背負うて、腕も砕ける奮撃突戦、矢玉を冒して進まにゃなるまい。それが出来ぬはやっぱり腰抜け。グズ〳〵なさると首が飛びます。天下の人民こぞって憎むぞ（「幕末の話」『幕末の武家』）

春嶽（「福井の坊ちゃん」）は徳川御三卿・田安家の出身だが、参勤交代制緩和に伴い、江戸に置いていた諸大名妻子の帰国を許したことが糾弾《きゅうだん》されている。繰り返しになるが、妻子を人質に取っていたからこそ、幕府は諸大名を統制できた。

ところが、**春嶽が妻子の帰国を許したことで、諸大名の自立性が自然と高まった反面、幕府権威が失墜し〝幕末の動乱〟を招来した。**その元凶《げんきょう》たる春嶽への憤激《ふんげき》が込められた「ちょぼくれ」なのである。

「武家人口の激減」で寂れる江戸藩邸――大名庭園の〝存在意義〟も失われる

幕府から江戸在府期間の大幅な短縮とともに、江戸に置いていた妻子を国元に帰国させても構わない、当の大名が国元に戻っている場合は江戸藩邸には多くの家臣を置かないようにせよ、という指令も出されたことで、藩主のみならず藩士たちの姿も江戸から消えていった。

江戸の武家人口は減少の一途《いっと》を辿《たど》る。

第一章で述べたとおり、江戸藩邸に住んでいた藩士には、江戸定府侍《じょうふざむらい》と江戸勤《きん》番侍《ばん》の二種類があった。藩主が国元に戻る際に勤番侍も帰国するが、家族持ちが多かった定府侍はそのまま江戸在住だった。

ところが、この参勤交代制緩和令により、家族を連れて帰国する江戸定府侍が続出し、藩邸内の藩士の数は激減する。上屋敷内の藩主が住む御殿《ごてん》や藩士が住む長屋の管理が行き届かなくなり、荒廃するのは時間の問題だった。

さらに、御殿に付属していた庭園の石燈籠《いしどうろう》なども国元に送られるなど、庭園の荒廃も進行する。大名が次々と江戸を離れたことで、江戸藩邸に将軍や同僚大名を迎える機会もなくなったからだ。**大名庭園の〝存在意義〟は失われていく。**

そもそも、藩主が江戸にいないのであり、屋敷や庭園の管理がなおざりとなって荒廃が進んだのは必然的な流れと言えよう。

となれば、前章までで見たような庭園整備に従事する植木屋や中村家など豪農の仕事もなくなる。その差配《さはい》で、人足として動員される農民の雇用機会も失われる。**庭園ビジネスの〝市場収縮〟は、江戸近郊農村にも深刻な影響を及ぼしていたので**ある。

(二)「長州藩邸没収」と参勤交代制の復活――幕府権威を回復せよ

続々と誕生する「京都藩邸」――将軍の〝義兄〟である天皇に参勤する？

参勤交代制の緩和は幕府と諸大名の関係だけでなく、幕府と朝廷（天皇）の関係にも大きな影響を与えた。**諸大名が江戸ではなく京都、つまり将軍ではなく天皇に参勤する流れが生まれたからだ。**

その原因は、朝廷側の働き掛けもさることながら、幕府自身にもあった。尊王攘夷《じょうい》運動の高まりにより、幕府権威の失墜とは対照的に朝廷（天皇）権威が急浮上したため、幕府は公武合体により回復をはかる。その象徴が、孝明天皇の妹和宮を将軍家茂の御台所として江戸城大奥に迎えることだったが、それだけでは所期《しょき》の目的を果たせなかった。

よって、幕府は公武合体の姿勢を、より目に見える形で天下に示そうとはかる。**それが将軍家茂の上洛だった。将軍が〝義兄〟にあたる天皇のもとに赴くこと**

で、公武合体を強くアピールしようと目論む。

文久三年（一八六三）三月四日、将軍家茂が京都に上洛する。寛永十一年（一六三四）に三代将軍・家光が上洛して以来の出来事だった。

となれば、将軍に続いて諸大名も続々と京都に上洛してくるが、その追い風となったのが、同年四月十七日に朝廷が十万石以上の諸大名に義務付けた京都警衛《けいえい》だった。同二十日には、十万石以下の大名についても朝廷への参勤が命じられる。**その結果、諸大名は京都か国元にいることが通例となる。**

京都に参勤して警備にあたるとなれば、藩主と藩士が住む屋敷を造らなければならない。**こうして、江戸藩邸が寂れる一方で、「京都藩邸」が次々と誕生する。京都の武家人口も増加の一途を辿った。**

幕府は三年に一度の江戸参勤を諸大名に命じてはいたが、このような政治情勢を背景に、参勤交代の制度は〝有名《ゆうめい》無実《むじつ》〟なものとなっていく。

かつては京都に入れなかった「参勤交代の大名行列」——幕末に状況が一変！

日本のなかで、参勤交代の行列が入ることが許されなかった都市があった。いったい、どこの町か。

京都である。朝廷と諸大名が結び付くことを警戒する幕府が堅く禁じていたのだ。

西国大名が江戸に参勤する場合は、大坂から京都南郊の伏見《ふしみ》を経由して東に向かうのが通例だった。その伏見に、幕府は伏見奉行を置いていた。

伏見奉行は、京都所司代《しょしだい》とともに朝廷の監視にあたることを任務としたが、参勤交代の際に西国大名が京都に向かわないよう監視する役割も課せられていた。

ところが、この頃になると状況が一変する。最後の将軍・徳川慶喜の小姓を勤めた村山鎮《まもる》は次のように語る。

そのつぎが伏見奉行で、多く大名の一、二万石までの人がなります。御役料三千俵賜わる。これはなかなか骨が折れた御役で、過書だの高瀬だのも支配し、それに町奉行というものがないから、吟味もせんければならず、京都所司代、大坂御城代と協議し、西国筋と京都の関門ですから、なかなか容易でなかったといいます。西国大名の参覲交代のとき、必ず通行する所で、大諸侯でもここに三日以上、滞在はさせぬということになっていたといいます。なぜなれば京都へ入り込ませぬためだそうです。ところが御維新六、七年前から、参覲のため伏見を通行する大名は、ぜひ上京の上、天機を伺うべしとなったのです。もうその頃から天朝仰せ出されとなると、大そうな勢いで、幕府の勢力がなくなったですよ（村山鎮「大奥秘記」『幕末の武家』）

朝廷の要請により、伏見を通行する参勤交代の行列は京都に入って御所《ごしょ》に参内し、天皇のご機嫌を伺《うかが》うことが義務付けられたのだ。その嚆矢《こうし》は、豊後岡《ぶんごおか》藩主の中川家が国元に帰国する時のことだったらしい。

こうした事例が積み重ねられ、京都参勤の流れが生まれる。それに伴い、やはり江戸参勤の流れは消えていった。

つまりは、江戸藩邸の存在意義もなくなるのである。

「文久三年八月十八日の政変」――長州藩と尊攘派の公家が一夜にして失脚

先にも述べたが、将軍家茂が将軍として約二百三十年ぶりの上洛を果たした文久三年（一八六三）という年は、幕末史にとり画期となる年だった。**それまで尊王攘**

三条実美（国立国会図書館蔵）

夷で政局の主導権を握っていた長州藩が、政敵である薩摩藩や会津藩のため一夜にして失脚したのである。

いわゆる、文久三年八月十八日の政変《せいへん》だ。政変の引き金となったのは、孝明天皇による攘夷親征《しんせい》計画だった。攘夷祈願のため天皇自ら大和に行幸《ぎょうこう》し、神武《じんむ》天皇陵《りょう》や春日《かすが》大社などを参拝。その後、現地で攘夷親征の軍議を開き、伊勢神宮に行幸するという計画が尊王攘夷派の公家たちにより立てられていた。

この攘夷親征計画は、当の天皇が乗り気ではなかった。長州藩をバックとした尊《そん》攘《じょう》派公家たちに強く求められ、渋々《しぶしぶ》承諾したのが真相である。

諸藩の間でも、「幕府の否定」を意味する天皇の攘夷親征には反対論が多かった。攘夷の実行を職掌《しょくしょう》とする征夷《せいい》大将軍に対する、不信任《ふしんにん》表明に他ならない。

こうして、長州藩や尊攘派の公家たちから、政局の主導権を奪い返そうという動きが諸藩の間で急速に沸《わ》き上がる。

その中心にいたのが、当時は長州藩と激しく対立する薩摩藩である。同じく長州藩と対立していた会津藩と連合し、長州藩の追い落としを目指す。

薩摩・会津両藩は水面下での工作の結果、天皇の支持を得ることに成功する。天皇にしても、長州藩に引きずり回される朝廷の現状に危機感を持っていた。さらに、長州藩に批判的な諸藩の賛同も得る。

そして、八月十八日に政変が決行される。三条実美《さねとみ》たち尊攘派の公家は御所への参内が停止され、長州藩も御所の警備から締め出された。**長州藩は激しく反発するが、天皇の信任を失った以上、政治的敗北を認めざるを得なかった。**翌十九日、三条たちを擁《よう》して帰国の途に就く。

この政変により、長州藩は政局の舞台からの退場を余儀なくされたが、黙って引き下がったのではない。虎視眈々《こしたんたん》と復権の時を狙う。

「禁門の変」と長州藩の江戸屋敷没収――跡地は茶屋と〝魚釣りの池〟となる

元治《げんじ》元年（一八六四）に入ると、長州藩は朝廷への嘆願書を携《たずさ》えて入京の機会をうかがった。藩士たちも京都に多数潜入させる。

ところが、会津藩配下で京都市中の取締《とりしま》りにあたっていた新選組《しんせんぐみ》の襲撃を受ける。六月五日に勃発した**池田屋事件**である。

この事件が〝起爆剤〟となり、七月十九日に長州藩は京都に攻め込む。蛤《はまぐり》御門《ごもん》の変で知られる禁門《きんもん》の変が勃発した。

だが、慶喜指揮のもと御所を警備する薩摩藩兵や会津藩兵に敗北を喫する。さらに、御所に発砲した廉《かど》により朝敵《ちょうてき》に転落してしまう。朝廷から幕府に対し、長州藩追討の勅命も下った。

ここに、薩摩藩や会津藩などを主力とする〝征長軍《せいちょうぐん》〟が組織される。長州征伐《せいばつ》のはじまりだ。これを受けて、江戸藩邸は没収される。

長州藩の上屋敷は日比谷（現在の日比谷公園界隈）。中屋敷は麻布《あざぶ》にあった。日比谷・麻布屋敷には長州藩士が百二十人ほど残留していたが、屋敷没収の際に捕縛《ほばく》される。

八月に入ると、**町火消《まちびけし》の人足約七千人が動員され、御殿はもちろん土蔵に至るまですべてが取り壊された。**毎朝未明に半鐘《はんしょう》が鳴らされ、江戸市中の各自身番屋《じしんばんや》に火消人足が集合。その後、日比谷・麻布屋敷に向かうという段取りだった。

屋敷取り壊しの費用だが、動員した人足の賃金だけで二千七十四両余もかかっている。後片付けに必要な大八車の代金など、もろもろの費用を合わせると総計八千六百六十八両。一両を現在の十万円とすれば、**取り壊しに九億円近くを要した計算だ**。材木は江戸の湯屋《ゆや》に払い下げられている（『東京市史稿』第一巻、東京都）。

その後の顚末《てんまつ》だが、麻布中屋敷跡には茶屋が十四軒立てられ、跡地の池では江戸っ子が魚釣りに興《きょう》じたという。藩主たちの社交場である大名庭園内の池だったに違いない。

参勤交代制の〝完全復活〟をはかる幕府――藩は「財政破綻」で滅亡する？

禁門の変での勝利により長州藩を朝敵に転落させた幕府は、これを機に巻き返しに出る。**幕府権威の回復のため、参勤交代制度の〝完全復活〟を策《さく》したのだ。参勤交代の緩和が諸大名の自立化を促《うなが》し、幕府権威の失墜を招いたという反省**が背景にあった。

禁門の変から約一ヶ月半後の元治元年九月一日に、幕府は諸大名に対し、毎年の江戸参勤と妻子の江戸居住を命じた。

前月の八月、幕府は征長軍の結成を受けて西国諸藩に出兵準備を命じたが、十月十二日には、将軍家茂が長州藩征伐のため江戸城を進発《しんぱつ》する旨も触れている。諸大名に幕府の断固たる姿勢を示した上で、参勤交代制度の完全なる復活を打ち出したのである。

しかし、禁門の変で勝利したからといって、幕府の権威が復活したわけではない。そもそも長州藩との戦闘で奮戦したのは薩摩藩や会津藩であり、幕府ではなかった。諸藩の力を借りることで、勝利を得たに過ぎない。

だから、諸大名が幕府の命《めい》に簡単に従うはずもなかった。そもそも、参勤交代制の復活となれば、再び莫大な出費を強《し》いられる以上、消極的な姿勢を取るのは火を見るよりも明らかだった。

国事《こくじ》多難な折柄《おりから》、諸大名の出費は嵩《かさ》み財政難はさらに深刻化していた。参勤交代の復活は、藩の財政を破綻させる恐れが非常に強かった。〝藩滅亡〟も現実味を帯《お》びてくる。

よって、尾張前々藩主で征長軍総督《そうとく》を勤めていた徳川慶勝《よしかつ》は、参勤交代復活に反対する旨の上書《じょうしよ》を提出する。徳川家内部から〝反対の声〟があがった形である。

実は、征長軍に動員された諸藩が戦闘を回避しようと考え、楽な攻め口《くち》への割り当てを慶勝に対して執拗《しつよう》に申し立てていた。こんなスタンスを取っているようでは、戦場で死力を尽くして戦うことなど到底期待できなかった。

一方、征長軍参加諸藩の側に立てば、出兵だけでも大きな負担であるのに、開戦となれば軍費の負担はさらに増す。さらに、国内が内乱状態に陥ることへの危機感も諸藩の間では強かった。そのため、征長軍の方針には非協力的だった。

そんなところに、**参勤交代が復活して莫大な出費を強いられれば、「征長軍から離脱しよう」という藩が現れかねない。**こうした危機感が、総督の慶勝をして参勤交代復活に反対する旨の上書を幕府に提出させた。

参勤交代復活に不満だったのは、尾張藩だけではない。とりわけ、征長軍への参加を命じられた西国諸大名の不満は大きかった。

そのため、病気などと様々な理由を並べ立てて、江戸参勤をサボタージュする大名が続出する。国元に戻った妻子も江戸に出府《しゅっぷ》させなかった。

参勤交代制復活という幕府の方針は、諸大名の抵抗に遭って頓挫《とんざ》する。幕府にしても、諸大名に強制するだけの力はもはやなかった。

慶応元年（一八六五）四月、幕府は延《の》び延びとなっていた家茂の江戸城進発の準備に入ったが、それを名目に四国・九州の諸大名の参勤を猶予《ゆうよ》すると触れた。

前年九月一日の参勤交代復活令の、事実上の撤回だった。その後、幕府が参勤交代について触れることはなかった。やがて、当の幕府は滅亡する——。

参勤交代復活による幕府権威の回復は、夢のまた夢に終わった。街道や宿場を大名の参勤行列が頻繁に行き来する光景の再現も、夢と消えたのである。

(三)幕府の消滅と薩摩藩邸焼き討ち——「戊辰戦争」の火ぶたを切る

家茂の「江戸城進発」と長州再征の失敗——幕府の権威が完全に失墜する

禁門の変直後の元治元年(一八六四)八月五日、英米仏蘭《らん》四ヶ国の連合艦隊が長州藩領下関の砲台を砲撃した。外国船に砲撃を繰り返した長州藩に、攘夷実行を断念させるための砲撃だった。

長州藩は反撃するも、圧倒的な軍事力の前になす術《すべ》もなく敗れる。四ヶ国に講和を申し入れ、下関海峡の通航自由、下関砲台の撤去、賠償金三百万ドルの支払いなどの要求を受諾した。下関協約《きょうやく》の締結である。こうした状況では、とても征長軍を迎え撃つ余力など残ってはいなかった。

しかし、征長軍にしても、内部に不安を抱えていたことは既に述べたとおりである。

総督の慶勝は参謀を勧める薩摩藩士・西郷隆盛《たかもり》の申し出を容《い》れ、**戦わずして長州藩を屈服させる方針を採《と》る。それが実現すれば、征長軍参加諸藩にしてもこれ以上の〝財政負担〟を被《かぶ》らなくて済む。**

西郷は、禁門の変の責任者として国司信濃《くにししなの》たち三家老の首級《しゅきゅう》を差し出させた上、十二月十一日に敵地下関に赴いて直《じか》談判を試みる。そして、萩《はぎ》城から政庁が移されていた山口城の破却《はきゃく》、藩主・毛利敬親《たかちか》、広封《ひろあつ》父子による自筆の謝罪状、長州藩に保護された三条実美たちの引き渡しを同藩に呑《の》ませることに成功する。

西郷隆盛（国立国会図書館蔵）

　これを受けて、慶勝は総攻撃の中止と征長軍の撤兵を命じた。同月二十七日のことである。

ここに第一次長州征伐は終結するが、征長軍つまり西郷が主導した対応に、幕府は大いに不満だった。**あまりにも〝寛大《かんだい》な処置〟というわけだ。**

西郷の奔走《ほんそう》により征長軍は撤兵したが、いかなる処分を長州藩に下すかが次の課題となる。戦争は終わったが、戦後処理は別の話である。

西郷は慶勝の承諾も得て、藩主父子の落飾退穏《らくしょくたいいん》、十万石の減封《げんぽう》などを提案したが、幕府はその処分案では軽すぎると反発する。慶応元年（一八六五）一月四日、幕府は敬親父子を江戸に召喚《しょうかん》する方針を慶勝に伝えた。藩主を人質に取ることで、長州藩が二度と幕府に刃向《はむ》かえないようにする狙いがあった。

三月二十九日には、この幕命《ばくめい》に長州藩が従わなければ、将軍家茂が江戸を進発する旨を諸藩に通達する。第二次長州征伐の予告であるが、長州藩では藩論《はんろん》が転換しており、幕府の意に従う気などまったくなかった。

四月十九日、幕府は長州再征と将軍進発を布告する。五月十六日には将軍家茂が江戸城を進発した。閏五月二十五日に大坂城へ入り、長州征伐の本拠地と定める。

幕府による長州再征の方針に、西郷は苛立《いらだ》ちを隠せなかった。もとはと言えば、不戦のまま征長軍を撤兵させた「西郷の処置に対する不満」がその動機になってい

たからだ。西郷は幕府と距離を置く一方、長州藩との提携の道を探りはじめる。

翌二年（一八六六）正月、薩摩・長州両藩の間に盟約《めいやく》が結ばれた。いわゆる薩長《さっちょう》同盟である。

六月七日より征長軍と長州藩は開戦となるが、薩摩藩による支援も功を奏《そう》し、長州藩は有利に戦いを進めた。征長軍は各所で敗退を続け、幕府の敗勢は必至の状況となる。

敗色濃厚のなか、七月二十日に将軍家茂が大坂城で死去する。開戦からわずか約一ヶ月後のことである。**第二次長州征伐は失敗に終わり、幕府の権威は完全に失墜した。**

「新政府の樹立」と幕府消滅――戊辰戦争の〝導火線〟となった江戸藩邸

家茂の跡を継いで十五代将軍に就任したのは、長州藩との戦いの総指揮を取っていた一橋慶喜である。

慶喜は、西郷を中心とした討幕派との間で激しい駆け引きを続けていたが、慶応三年（一八六七）十月十四日、大政奉還《たいせいほうかん》という挙《きょ》に出る。討幕派の矛先《ほこさき》をそらし、政局の主導権を握ろうとしたのだ。

二百六十年以上続いた幕府は消滅し、日ならずして慶喜は諸大名を統率する将軍の立場から、一大名の位置に自ら降りた。

ここに、天皇を戴《いただ》く朝廷のもとに新政府が樹立され、慶喜を含めた有力諸侯が国政に参加する政治体制が誕生する運びとなる。政局の焦点は、どの藩が新政府で主導権を握るかに移った。

一方、慶喜を新政府から排除したい薩摩藩などは、十二月九日に王政復古《おうせいふっこ》のクーデターを京都御所で敢行し、慶喜抜きの新政府を樹立してしまう。当然ながら、慶喜を支持する会津・桑名《くわな》藩、そして幕臣たちの猛反発を招く。薩摩藩などとの衝突を恐れた慶喜は二条《にじょう》城を出て、大坂城に入った。

以後、徳川方と薩摩・長州藩との約一ヶ月にわたる睨《にら》み合いが上方で続くが、**慶喜との武力対決に持ち込みたい薩摩藩は後方攪乱《かくらん》をはかる。江戸で騒ぎを起こし、徳川方を挑発したのだ。**

慶応元年四月に十四代将軍・徳川家茂が江戸城を進発して以来、江戸は将軍不在のお膝元となっていた。家茂が江戸城を不在にしている間に、将軍は慶喜に交代した。

さらに、慶喜が大政を朝廷に奉還したことで幕府は消滅する。慶喜は将軍職も辞職してしまう。まもなく、王政復古のクーデターが敢行されて新政府が樹立された。**政局の舞台は完全に上方に移っていたが、薩摩藩の後方撹乱によって、江戸が政局の舞台として俄《にわ》かに浮上してくる。**戊辰《ぼしん》戦争の導火線となる戦いが、寂れていた江戸藩邸で勃発するのである。

江戸の治安悪化――大名屋敷出入りの「御用達商人」が大金を強奪される

新政府樹立直前の慶応三年（一八六七）十一月頃より、江戸の治安は極度に悪化しはじめる。幕府の消滅で人心が動揺したことに加え、市中で強盗《ごうとう》騒ぎが頻発《ひんぱつ》していたのだ。

江戸城にも近い日本橋地域は、大名屋敷に出入りする「御用達商人」が数多く店を構える街である。同月十四日、御用達の一人である両替商《りょうがえしょう》・播磨屋新右衛門が一万五千両もの大金を強奪される事件が起きた。幕府の年貢米を扱う蔵前《くらまえ》の札差《ふださし》商人・伊勢屋宅にも、武装集団が押しかけて三万両を強奪していった。

こうした強盗騒ぎが、江戸の各所で起きていた。

江戸市中を騒がせただけではない。関東各地でも強盗騒ぎが起きており、江戸のみならず関東一帯が騒然とした状況に陥る。

強盗たちが根拠地にしたのが、薩摩藩の三田《みた》屋敷だった。西郷の部下である薩摩藩士・益満休之助《ますみつきゅうのすけ》たちが、浪士《ろうし》隊を指揮して江戸や関東各地で騒ぎを起こし、徳川方の後方攪乱を狙った。

その狙いとは何か。

徳川家を挑発して、戦争を仕掛けさせるためである。もともと薩摩藩は、幕府つまり徳川家との武力対決でまとまっていたわけではない。**むしろ逆だった。武力対決も辞さない討幕派の西郷は藩内で孤立していた。**あまり知られていない史実だろう。

だが、徳川家から戦争を仕掛けられたならば、薩摩藩は一丸《いちがん》となって徳川家との開戦に踏み切るはずだ。狙いどおり、事態は進む。

そうしたなか、**江戸城でも火の手が上がる。**十二月二十三日の早朝、二の丸御殿から出火した。

二の丸御殿には、十三代将軍・家定《いえさだ》の御台所だった天璋院篤姫《てんしょういんあつひめ》が住んでいた。

島津家から嫁《とつ》いだ女性であり、奥女中には薩摩出身の者もいた。このため、薩摩藩の放火ではないかという噂が流れ、江戸市中の動揺はさらに高まる。

同日夜、今度は市中取締りの任にあたっていた庄内《しょうない》藩酒井家の三田同朋《どうぼう》町の屯《とん》所《しょ》が銃撃を受けた。酒井家、そして同家に属していた新徴《しんちょう》組や幕府歩兵も応戦し、浪士側は三田屋敷に逃げ込む。前日にも、芝赤羽橋《あかばねばし》の屯所に銃弾が撃ち込まれていた。

こうして、**「江戸の大名屋敷」を舞台とする徳川家と薩摩藩の戦争**が時間の問題となるのである。

薩摩藩三田屋敷の〝焼き打ち〟――江戸開府以来、はじめての「市街戦」！

江戸市中を騒がせる強盗が、薩摩藩三田屋敷を根拠としていたことは、もはや明白だった。

ついに、市中取締りにあたる庄内藩は堪忍袋《かんにんぶくろ》の緒《お》を切る。薩摩藩との武力衝突を懸念する江戸城の老中を突き上げ、三田屋敷に逃げ込んだ犯人の引き渡しを薩摩藩に命じるよう強く求めた。

勘定《かんじよう》奉行・小栗忠順《おぐりただまさ》たち徳川家内部の強硬派も、庄内藩の要請に同調する。ついに、徳川家は庄内藩などを三田屋敷に向かわせることになった。

十二月二十五日早朝より、庄内藩のほか出羽上山《でわかみのやま》藩、越前鯖江《さばえ》藩、武州岩槻《いわつき》藩も加わった総勢千人ほどが三田屋敷を包囲する。徳川家からも歩兵隊がこれに加わった。

庄内藩は、同藩屯所に発砲して三田屋敷に逃げ込んだ者の身柄《みがら》引き渡しを要求した。だが、案の定、交渉は決裂する。

庄内藩は三田屋敷に向けて砲撃を加え、双方は戦闘状態に入る。屋敷内とその周辺で激しい戦いが繰り返された結果、三田屋敷は焼失。この焼き討ちで、薩摩藩側は五十人近くの戦死者を出した。

江戸開府以来、はじめての〝市街《しがい》戦〟だ。それも江戸藩邸が舞台だった。この三田屋敷焼き討ちにより、徳川家と島津家は手切《てぎ》れとなる。

一方、江戸での薩摩藩との開戦を受けて、江戸城の徳川家首脳部は大目付の滝川《たきがわ》具挙《ともあき》を急使として大坂に向かわせた。同日、滝川は歩兵を連れて軍艦順動《じゆんどう》丸に乗船。早くも二十八日には大坂城へ入った。

城内は、薩摩藩討伐を唱える滝川に刺激され、興奮の坩堝《るつぼ》と化す。慶喜も沸《わ》き上がる主戦論を受けて、薩摩藩討伐を決意した。

明けて慶応四年正月二日、大坂城に籠《こ》もっていた幕府兵や会津・桑名藩兵は、京都への進軍を開始する。京都に入る街道は七つあったが、勝利を確信する徳川勢は京都を包囲する作戦を立てず、鳥羽《とば》・伏見から〝平押し〟に押せば京都は占領できると楽観視し、鳥羽街道と伏見街道から京都に向かった。

徳川勢が大挙して京都に向かうとの報《ほう》に接した新政府は、薩摩・長州・土佐・広島藩に出兵を命じるが、広島藩は出兵を辞退する。土佐藩は出兵したものの、戦意がなかった。

結局、薩摩・長州藩のみが鳥羽・伏見で死力を尽くして戦うことになった。総勢四、五千人。京都に向かった徳川方は、その倍以上の一万人余である。

徳川勢が自滅した「鳥羽・伏見の戦い」――戦場は上方から江戸へと移る

一月三日夕刻より、両軍は鳥羽・伏見で激突する。徳川勢は奮戦するものの、緒《しょ》戦《せん》から敗退を続けた。

徳川勢の敗因は、勝利を楽観視して相手を甘く見たことに尽きる。薩摩・長州藩は負けも覚悟して勝利を得るための作戦を練り、戦いに臨んだ。その違いは大きかった。

指揮も混乱して統制が取れていなかった。**一口に〝徳川勢〟と言っても、幕府歩兵隊、会津、桑名、高松、松山、大垣《おおがき》、津《つ》藩などの寄り合い所帯《じょたい》であり、バラバラに戦っていたのが実態だった。**

個々に奮戦はするものの、連携の悪さを突かれる形で薩摩・長州藩に足元をすくわれたのだ。両藩に勝るとも劣らない軍事力を有効に使いこなせず、徳川勢は自滅する。

鳥羽・伏見で両軍が血みどろの戦いを繰り広げる頃、御所には新政府首脳が集まり会議が開かれていた。薩摩藩士の大久保利通《としみち》と気脈を通じていた公家の岩倉具視《ともみ》は、慶喜討伐の布告を主張したが、孤立無援の状態だった。

結論が出ないまま会議は夜遅くまで続くが、そこへ前線から薩摩・長州藩勝利の報が飛び込んできた。瞬《また》く間に、会議の空気が一変する。

この時を逃さず、大久保は岩倉に迫る。〝朝敵〟慶喜の討伐を諸藩に布告、仁和《にんな》寺宮《じのみや》を征討大将軍に任命し、錦旗節刀《きんきせっとう》を下賜する案を会議で通して欲しい。

岩倉は大久保の期待に応えた。**この日、薩摩・長州藩は官軍《かんぐん》となり、徳川方は賊《ぞく》**

軍に転落した。

翌四日、仁和寺宮が征討大将軍に任命される。五日には錦旗を掲げて本陣の東寺《とうじ》を出陣し、鳥羽・伏見を視察した。薩摩・長州藩兵は、官軍であることを確認して勇気百倍。一方、賊軍に転落したことを知った徳川勢の動揺は大きかった。

これが契機となり、形勢を展望していた日和見《ひよりみ》の諸藩も雪崩《なだれ》を打って旗幟《きし》を鮮明にしていく。

もともと、慶喜は尊王の志《こころざし》が厚い人物であり、朝敵の烙印《らくいん》を押されたことの精神的ダメージは限りなく大きかった。敗色も濃厚であり、完全に戦意を喪失する。

六日夜、慶喜は密《ひそ》かに大坂城を脱出する。翌七日朝、軍艦開陽《かいよう》丸に乗船し、海路江戸へ向かった。慶喜の大坂城脱出という衝撃的な情報が伝わると、置き去りにされた幕府歩兵隊や会津・桑名藩兵は徳川家の軍艦に乗船し、江戸に逃げ戻っていく。

七日、朝廷は慶喜の追討令を発する。慶喜は朝敵に転落した。

鳥羽・伏見で火ぶたが切られた戊辰戦争は、上方から江戸へと舞台が移る。江戸が戦場となる時が刻々《こっこく》と近づいていた。

第六章

「首都」東京と消えゆく大名屋敷

――荒れ野からの再生

(一)新政府軍の「江戸進駐」――江戸城を取り上げられた徳川家

新政府軍、西国を掌握し江戸へ――相次ぐ官位停止と「京都藩邸」の没収

慶喜が海路、大坂から江戸へと向かい、置き去りにされた徳川勢が陸海路で江戸へ敗走していた頃、新政府は慶喜とそれに連なる諸藩を追討する体制を矢継《やっ》ぎ早《ばや》に整える。慶喜に反撃の時間を与えないよう、西郷たちは次々と手を打った。

慶応四年正月十日、新政府は慶喜、会津藩主・松平容保《かたもり》、桑名藩主・松平定敬《さだあき》、高松藩主・松平頼聡《よりとし》、伊予松山藩主・松平茂昭《もちあき》、老中で備中《びっちゅう》松山藩主・板倉勝静《かつきよ》、老中格で総督を勤めた上総《かずさ》大多喜《おおたき》藩主・大河内正質《おおこうちまさただ》たちの官位を停止する。

そして、会津・桑名・高松・松山・備中松山・大多喜藩の京都藩邸を没収した。

新政府が急ピッチで西国を掌握《しょうあく》していくなか、敗軍の将・慶喜が江戸に到着したのは同十二日のことである。**鳥羽・伏見での敗戦に加えて慶喜が朝敵に転落したことで、江戸そして徳川家は大混乱に陥る。やがて、慶喜の跡を追って敗走してき**

た徳川勢が帰ってくると、その混乱に拍車がかかる。

江戸城に戻ってきた慶喜は、何を考えていたのか。

一ヶ月ほどは、和戦両様《わせんりょうよう》の構えで「武備恭順《ぶびきょうじゅん》」の姿勢を取っていた。武備恭順とは恭順の姿勢を示す一方、軍備増強を進めることである。場合によっては、戦争も辞さない。

江戸に戻った直後より、慶喜は開港場である横浜の警備強化に加え、東海道箱根《はこね》関所、中山道碓氷《うすい》関所には目付を派遣し、防備を固めさせている。これでは、新政府軍を迎え撃つ体制を強化していると朝廷に見なされても仕方ないだろう。

同十九日には、江戸城に諸藩の重役を集め、次のような意思を伝えた。

鳥羽・伏見の戦いは、まったくの行き違いから起きたものである。慶喜を朝敵と名指しする風聞《ふうぶん》もあるが、きわめて残念なことだ。朝廷には恭順・謹慎のつもりだが、その意思が朝廷に届かない場合はなお取るべき道がある。武備恭順の姿勢を明示した。

慶喜は和戦両様の構えを取ったが、幕臣たちの間では〝主戦論〟が圧倒的だった。軍艦をもって大坂城を攻撃する。箱根や碓氷峠で迎え撃つ。彰義《しょうぎ》隊《たい》が奉じることになる輪王寺宮《りんのうじのみや》のもとに集まり挙兵するなどの案が出され、議論百出《ひやくしゅつ》の状態となる。

慶喜は後事《こうじ》を託した新政府の議定《ぎじょう》・松平春嶽《しゅんがく》に向け、一月十七日付で次のような書面を送っている。鳥羽・伏見の戦いは、行き違いから先供《さきども》がはからずも起こしたもので、今回追討令が出されたのは、甚《はなは》だ以《も》って心外の至りである。恭順の姿勢というよりも、弁解と抗議が入り交《ま》じる心情が吐露《とろ》されていた。

しかし、日ならずして、慶喜追討を呼号《こごう》する東征軍が京都を出発するタイムスケジュールが準備されていた状況では、鳥羽・伏見の戦いは〝行き違い〟という主張が受け入れられる見込みはまったくなかった。

あまりにも甘い見通しに、朝廷工作を依頼された形の春嶽は困惑する。急ぎ家老の本多修理《ほんだしゅり》を江戸に派遣し、慶喜の説得にあたらせた。**挙《こぞ》って、西国諸藩が新政府側に付いてしまったことも慶喜には衝撃だった。**

熟慮の末、慶喜は抗戦《こうせん》の意思を捨てる。

●慶喜の恭順と、諸大名の「江戸引き揚げ」――帰国して藩邸を引き払う準備

二月五日、慶喜は新政府との仲介役となっていた春嶽に書面を送った。今回の戦

いが天皇を驚かせてしまったことを深く恐縮し、ひたすら謹慎して天皇の裁きを待つとの心境が綴《つづ》られていた。**弁解や抗議などの言い訳はせず、謝罪に徹することで寛大な処置を願う方針に転換する。**

九日には、鳥羽・伏見の戦いで総督を勤めた老中格・大河内正質たちの職を免じる。戦争責任を取らせたのだ。

そして十一日、幕臣に対して〝不戦の意思〟を明らかにする。

朝敵の名を被《かぶ》った上は、ひとえに天皇の裁きを待つ。その方《ほう》たちが憤激するのは無理もないが、開戦となれば外国の干渉を招きインドや中国の轍《てつ》を踏む。それでは日本は瓦解《がかい》し、万民が塗炭《とたん》の苦しみを味わう。私は罪を重ねて、ますます天皇の怒りに触れることになる。私の意向を体《たい》し、決して暴動を起こしてはならない。軽挙に及ぶ者は我が家臣ではない。

翌十二日、江戸城を出た慶喜は上野寛永寺内の大慈院《だいじいん》に入り、恭順の姿勢を示した。

以後、慶喜は薩摩・長州藩に人脈を持つ勝海舟《かつかいしゅう》、明治天皇には叔母にあたる静寛院宮《かんいんのみや》のルートを使って朝廷工作を必死に展開する。静寛院宮とは、前将軍の御台所だった和宮《かずのみや》のことである。

しかし、時すでに遅く、二月十五日に東征軍という名の新政府軍が東海道・東山《とうさん》道・北陸道の三道から進軍を開始していた。東征大総督には新政府総裁の有栖川《ありすがわの》宮《みや》が任命され、西郷が大総督府参謀として全軍の指揮を取った。

大総督府の下に東海道・東山道・北陸道各総督府が置かれ、東海道先鋒《せんぽう》総督は橋本実梁《さねやな》。東山道先鋒総督は岩倉具定《ともさだ》（岩倉具視の子）。北陸道先鋒総督は高倉永祜《ながさち》が任命された。東征軍は沿道の諸藩に対して軍列に加わることを命じ、兵力を膨らませる目算《もくさん》だった。

新政府に帰順《きじゅん》して東征軍に加わるのか否か。東征軍は踏絵《ふみえ》を踏ませながら江戸へ進軍していった。

慶喜が恭順（不戦）の姿勢を明確にしたことで、江戸に残っていた諸大名は総じて帰国の途《と》に就く。江戸藩邸の家財道具などを荷造《にづく》り、あるいは売却して「藩邸を引き払う準備」に入る藩が続出する。

徳川家に忠節を尽くすことが義務付けられていた親藩・譜代大名にしても、主家《しゅか》の方針に従って恭順する事例が多かったが、抗戦の構えを崩さなかった大名も多かった。その代表格が、討伐対象に掲げられていた会津藩だ。そうした動きが、やがて奥羽越列藩《おううえつれっぱん》同盟結成へと繋《つな》がっていく。

江戸城〝無血開城〟と新政府軍の進駐――大名屋敷も拠点とした東征軍

一方、江戸に向けて進軍中の東征軍は徳川家の嘆願にも拘《かかわ》らず、慶喜を断固討伐する姿勢を崩してはいなかった。江戸城総攻撃も三月十五日に決定する。

三月十三日、東征軍最高幹部である大総督府参謀の西郷が高輪《たかなわ》の薩摩藩邸に入り、総攻撃の準備に入った。同じく東山道軍も総攻撃の態勢を整えつつあったが、翌十四日の**西郷と徳川家代表・勝海舟の頂上会談で、江戸城総攻撃は急遽《きゅうきょ》中止となる。〝最強硬派〟だった西郷の姿勢が突如軟化《なんか》したのである。**

慶喜は助命された。四月十一日には、江戸城が明け渡される運びとなる。

総攻撃中止そして慶喜助命の条件として、東征軍は完全なる武装解除を徳川家に求めていたが、海舟はその約束を守ることができなかった。軍艦や兵器の引き渡しを命じられた陸海軍の将兵が、激しく反発したからである。

そのため、江戸城開城に先立って陸軍ではフランス式調練《ちょうれん》を受けた歩兵が銃器をもって次々と脱走し、関東各地が騒乱状態に陥っていく。海軍についても海軍副総裁の榎本武揚《えのもとたけあき》が、江戸城明け渡し当日の夜、軍艦七艘《そう》を率いて安房《あわ》国館山《たてやま》に走ってしまう。

当日の四月十一日、薩摩・長州・尾張・熊本・岡山・大村《おおむら》・佐土原の七藩の藩兵は何の抵抗も受けることなく、江戸城に入城した。徳川家の若年寄や大目付たちに出迎えられた東征軍は城内を点検。点検が終了すると、幕臣たちは城を去っていった。

江戸城は〝無血《むけつ》開城〟となり、東征大総督府に引き渡された。大総督・有栖川宮が江戸城に入ったのは同二十一日のことである。

表向き、粛々《しゅくしゅく》と江戸城は明け渡されたが、武器の引き渡しを拒否した徳川家陸軍将兵が江戸を脱走したことで、双方の間で戦争が起きなかったというのが真実に近かった。

東征軍は江戸城にすべて入ったのではない。江戸城周辺に広がる各々の藩邸に入る一方で、江戸市中の警備にあたった。

彰義隊の戦いと「徳川家の移封」――江戸から駿河に追い立てられ〝大減封〟

新政府は江戸城を開城させたものの、**慶喜の恭順方針に反発する徳川家の家臣た**

ちは歴代将軍の霊廟《れいびょう》が置かれた上野の寛永寺に集結し、政府に対する敵対姿勢を崩そうとはしなかった。寛永寺に籠《こ》もった徳川家の家臣たちは、彰義隊と総称された。

そんな江戸の不穏な動静は、新政府の威信を傷つけるばかりか、同じく新政府に敵対する奥羽越列藩同盟を勢いづけていた。新政府は彰義隊討伐を決意する。

五月十五日、東征軍による彰義隊への攻撃が開始される。城の大手門にあたる寛永寺の黒門《くろもん》には、薩摩・熊本・鳥取藩兵が向かった。城の裏門にあたる谷中《やなか》門には長州・肥前《ひぜん》大村・佐土原藩兵が向かった。

早朝より開戦となるが、勝敗の決め手となったのは上野にも近い加賀藩上屋敷に配備された佐賀藩砲兵隊の砲撃だった。不忍池《しのばずのいけ》越しに寛永寺を砲撃できる佐賀藩自慢のアームストロング砲が火を噴き、彰義隊が立て籠もる寛永寺の堂社《どうしゃ》の数々が焼け落ち、彰義隊は動揺する。

この機を逃さず、東征軍は総攻撃に打って出る。彰義隊は一気に崩れ、敗走していった。彰義隊の戦いは東征軍の一方的勝利に終わり、新政府は名実ともに江戸を掌握する。

新政府が彰義隊を一日で壊滅させたことで、徳川家は牙《きば》を抜かれた。敵対する

徳川家達（国立国会図書館蔵）

と、こうなる。

それから約十日後、新政府は徳川家の駿河移封《するがいほう》を明らかにする。五月二十四日のことであった。

徳川家は江戸城を取り上げられ、駿府《すんぷ》城が与えられた。それまでの八百万石から駿河・遠江《とおとうみ》の七十万石に所領は大減封された。新政府の軍事力を見せつけられ、牙を抜かれた形の徳川家はこれを甘受《かんじゅ》するしかなかった。

反抗すれば、彰義隊の二の舞となる。**駿河移封が公表された後、徳川家は新政府から追い立てられるように江戸を去っていく。**

八月九日、慶喜に代わって徳川家の当主となった徳川亀之助《かめのすけ》（後の家達《いえさと》）は江戸を出立《しゅったつ》し、駿府へと向かった。同十五日、新たな居城駿府城に入る。やがて、駿府城が静岡《しずおか》城と改められたことで「静岡藩」という通称になる。明治四年（一八七一）の廃藩置県《はいはんちけん》まで静岡藩は続く。

彰義隊の戦い、そして徳川家の駿河移封を受け、戊辰戦争の舞台は関東から東北に移る。新政府は、会津藩を中心とした東北・越後諸藩から構成された奥羽越列藩同盟との戦いに入ったが、同盟側の旗色《はたいろ》は悪く、日ならずして崩壊する。九月二十二日、会津藩は降伏した。翌年五月の箱館五稜郭《ごりようかく》の戦いは残されていたとはいえ、ここに戊辰戦争は事実上終わった。

新政府に抗戦した諸藩の処分は東北平定後、一斉に行われている。明治元年十二月七日、**明治天皇の〝皇居〟となっていた旧江戸城の大広間に該当の藩主や重臣が呼び出され、二十五藩で総計百三万石を没収する処分が発表される。**この年の九月八日、慶応は明治と改元《かいげん》されていた。

（二）没収された大名屋敷――「江戸の終わり」を象徴する光景

徳川家臣団の〝解体〟――本当は「二万人以上」のリストラが必要だった？

話を新政府が徳川家移封、つまり減封を公表した時点に戻そう。

十分の一以下の大減封を強いられた徳川家にとり、真っ先に取り組むべきは藩士の数を減らすことであった。旧幕臣つまり徳川家の家臣の数は、この年の四月の数字によると、旗本が六千人ほど、御家人が二万六千人で、ゆうに三万人を超えていた。

ところが、七十万石の大名として抱えることが可能な家臣の数は、せいぜい五千人と見積もられていた。**二万人以上の家臣には、徳川家の籍《せき》を離れてもらわなければならない。**

徳川家では収入の激減を受け、早くも六月に入ると、蔵米取《くらまいどり》の家臣に俸禄つまり給与ストップを通告する。蔵米取とは、俸禄つまり現物の米で給与を支給された家臣のことで、徳川家の家臣の大半は蔵米取だった。ちなみに、所領を持つ家臣は知《ち》行《ぎょう》取という。

その上で徳川家は家臣に対し、今後の身の振り方として三つの選択肢を提示する。①明治政府に帰順して朝臣《ちょうしん》となる、つまり政府に出仕《しゅっし》する。②徳川家にお暇《いとま》願いを出して、農業や商売をはじめる。③無禄《むろく》覚悟で新領地静岡に移住する。

政府に帰順する場合、幕府から拝領した江戸の屋敷はそのまま与えられた。幕臣時代の禄高《ろくだか》もそのまま。給与も住む家も安堵《あんど》された。

禄高は後に大幅にカットされるが、賊軍とされた割にはかなりの好条件だ。徳川家臣団の分断をはかる政治的思惑もあっただろう。

徳川家としては、徳川家の籍を離れて新たな奉公《ほうこう》先を見つけ、銘々《めいめい》自活の道を探って欲しいというのが本音だった。①か②を選択して欲しかった。

ところが、蓋《ふた》をあけてみると、**無禄でも良いから家臣の列に加えて欲しいと希望する者が家臣の過半を占める。**そんな大人数を家臣として召し抱える余裕は徳川家にはなかったが、無禄で静岡に移住したいという希望者は減らなかった。

そうこうするうちに、静岡藩は七十万石の限界を超える数の家臣を静岡に連れて行かざるを得なくなってしまう。政府が徳川家に対し、早く静岡に移るよう強く督《とく》促《そく》してきたからである。

幕臣屋敷の没収――〝天皇の東幸〟が近づき、静岡藩に引き渡しを厳命

彰義隊の戦いから二ヶ月後の慶応四年（一八六八）七月十七日、政府は江戸を東京と改める。**江戸はもはや徳川将軍家のお膝元ではない、**という政府の強い意思が示されていたが、実は明治天皇の東京行幸（東幸《とうこう》）、そして東京への遷都《せんと》の準備が

政府内ではじまっていた。

九月八日には、慶応が明治と改元される。

同二十日には、天皇が京都を出発し、十月十三日に東京へ入る。江戸城は東京城と改められ、皇居としての歴史がはじまる。江戸改め東京が、将軍から天皇のお膝元となるレールが敷かれていく。

こうしたタイムスケジュールのなか、政府は東京を首都とする国家づくりを急ピッチで進めたが、役所の用地や役人に与える屋敷の確保は不可欠だった。そこで目を付けたのが、**皇居となる江戸城周辺に展開する旗本や御家人の屋敷だ。元々は幕府から拝領した屋敷である。**

そもそも、政府に仕える意思のない徳川家の家臣たちが、東京の屋敷に大勢居座《いすわ》ったままでは、大いに不安を感じざるを得ない。その家族の数も含めれば、数万人以上にも達したはずだ。

よって、**政府に仕える家臣にはそのまま屋敷の所持を認めるが、仕える意思のない家臣の屋敷は〝没収する〟方針を打ち出す。**第一の選択肢を選んだ家臣は屋敷にとどまってもよいが、第二と第三の選択肢を選んだ家臣には立ち退《の》きを求めたのである。

九月に入ると、政府は該当する屋敷を十月中にはすべて引き渡すよう静岡藩に厳命する。期限を切られたのだ。政府としては天皇の東幸が近づいていた以上、政府に仕える意思のない徳川家の家臣たちには、**できるだけ早く東京を立ち退いてもらいたい**というのが本音だった。

こうして、徳川家はリストラを充分にできないまま、当初予定の三倍近くの家臣を静岡に連れて行かざるを得なくなる。静岡藩の財政に重い負担となるのは避けられなかった。

広大な大名屋敷の没収——贅をつくした「大名庭園」も同時に消滅する！

徳川家移封により、江戸城を名実ともに掌握した政府は、続けて江戸城周辺に広がる大名屋敷を没収しはじめる。

明治元年八月、政府は十万石以上の大名が拝領できる屋敷は三ヶ所、十万石未満の大名は二ヶ所に制限するという方針を打ち出した。**大名が政府から拝領できる屋敷の数を最大三つに制限することで、役所の用地を充分に確保しようとした**のである。

大半の諸大名は、江戸に三ヶ所を超える屋敷を持っていた。上・中屋敷は一つだが、下屋敷を複数所持していたからである。尾張藩などは十ヶ所以上も屋敷を持っていた。

政府は諸大名に対して、拝領屋敷の数を最大三つに制限したが、明治三年（一八七〇）には二つに制限する旨を布告している。もはや諸大名に参勤交代の義務はなく、東京で屋敷を与える必要もなくなった以上、二つで充分という判断に基づく布告であった。

しかし、東京で屋敷を持つ必要性がなくなったとはいえ、取り上げられる側としては当然反発する。買収ではないから、金銭的な補償《ほしょう》もない。

諸大名は「改めての拝領」という形で屋敷の確保をはかるが、政府の姿勢は堅かった。**本《もと》を正せば幕府から拝領したものであり、買得《ばいとく》したものではない。幕府が消滅した以上、所持を主張する根拠はなくなった。**取り上げられても仕方がないという立場の弱さがあったのだろう。

二つに制限された拝領屋敷も取り上げられ、一つのみになる事例さえ見られた。

例えば、尾張藩の東京屋敷は市谷屋敷と浅草瓦町《かわらまち》屋敷だけだったが、三年（一八七〇）十一月二十二日に、市谷屋敷を離宮《りきゅう》すなわち「非常の際の皇居」にするという案が、東京府から政府に上申《じょうしん》される。この市谷離宮案は、四年（一八七一）二月八日の府の上申では御親兵《ごしんぺい》の屯所《とんしょ》案に変更される。評議の結果、同二十四日に御親兵屯所として兵部省《ひょうぶ》に引き渡された。

御親兵とは、政府直属の軍事力として薩摩・長州・土佐藩に献納させた藩兵であり、合わせて約八千人。この軍事力を背景に、廃藩置県が宣言されることになる。ここに、市谷屋敷は尾張藩上屋敷としての歴史を終える。なお、非常の際の皇居には、紀州藩の赤坂中屋敷が充てられた。現在の〝赤坂御所〟である。前述のように、上屋敷としての役割を果たした中屋敷である。

江戸城に近い場所にあった屋敷――つまり上屋敷ほど、政府に没収されやすかった。尾張藩や紀州藩でさえ、このような有り様であるから他藩などは推《お》して知るべしだった。

こうして、大名屋敷も、役所の用地や政府役人に与える屋敷として確保される。官用地のみならず、尾張藩市谷屋敷に象徴されるように、軍用地にも変身していくのである。

政府に没収されたことが契機となり、大名屋敷内に造られた庭園も幻《まぼろし》となった。当の大名が園内の石を運び出したり、樹木を伐採《ばっさい》する藩が続出したのだ。要する

現在の赤坂迎賓館東門（旧紀州藩赤坂中屋敷表門）

上空から見た現在の赤坂御所周辺

に、没収される前に〝売り〟に出したわけである。**まさに、「江戸の終わり」を象徴するような光景だった。**明治維新を境《さかい》として、大名屋敷はもちろん、大名庭園もその姿を急速に消していく。尾張藩では市谷屋敷に加えて、戸山屋敷（戸山荘）も御親兵屯所となる。**兵舎が園内に建設されることで、名勝《めいしょう》は次々と破壊されていった。**

廃藩置県後も戸山屋敷は御親兵屯所だったが、六年（一八七三）六月二十二日には陸軍兵学寮《りょう》の戸山出張所が設置され、やがて陸軍戸山学校と改称される。

一方、市谷屋敷には明治七年（一八七四）十月に陸軍士官学校が創設される。昭和二十年（一九四五）八月、かつての尾張藩の市谷・戸山屋敷は、奇《く》しくも陸軍の軍用地として終戦を迎えることになる。

現在の戸山公園にある「箱根山」「陸軍戸山学校址」の石碑

●「荒れ野原」の東京――〝江戸の土地の七割〟を占める武家地はどうなった？

本書の冒頭で触れたように、江戸の土地の七割が武家地だった。大名や幕臣が幕府から拝領した地所である。

しかし、明治維新を境に、その大半は政府に取り上げられる。**官用地などに転用されて、霞《かすみ》が関に象徴される官庁街に変身していくが、実際に建物が立てられて首都にふさわしい威容《いよう》を見せるにはかなりの時間を要した。**

大名屋敷や幕臣の屋敷が没収された頃の、東京の情景を活写《かっしゃ》した人物がいる。近代日本の女性解放運動のシンボルの一人に数えられる山川菊栄《きくえ》だ。

菊栄の母は青山千世《ちせ》という。安政四年（一八五七）に水戸藩士で儒学者《じゅがくしゃ》の青山延寿《のぶとし》の娘として生まれた。菊栄は、千代が見聞《けんぶん》した幕末〜明治維新期の社会状況を聞き取り、『おんな二代の記』としてまとめている。

同書によれば、東京府地誌《ちし》課長だった延寿は、娘の千世に次のように書き残したという。

> 旧水戸藩邸のあと、後楽園周辺の地域は練兵場となって一面に細い草につつまれ、九段坂をのぼると、新築したての招魂社（靖国神社）がりっぱなだけだ。この辺一帯、高い土塀をめぐらし、棟の高い堂々たる旗本屋敷ばかりだった昔にひきかえ、今はあたり一面麦畑、菜畑になってしまい、おりおり雉子《きじ》の声がきこえるばかり。瓦や小石や馬や犬の糞や、土くれがうず高く道をうずめている。麹町通りをすぎ、平川町に出、日枝神社にまいると、ここだけは昔のままにりっぱなお宮が残っている。ここから東へ十町、新橋までの間、昔は豪勢な大名屋敷がつづいていたのだが、今は瓦がおち、練塀がはげ、棟は朽ち、青草がしげっているばかり（山川菊栄『おんな二代の記』平凡社東洋文庫、一九七二年）

「旧水戸藩邸」とは水戸藩の小石川上屋敷のことであり、屋敷内には名園後楽園もあった。かろうじて後楽園は残ったものの、御殿などの建物が立っていた場所は政府に取り上げられて練兵場となり、草むらに転じた。後に東京砲兵工廠《こうしょう》となる。

近くの九段坂《くだんざか》界隈は、旗本屋敷が立ち並ぶ武家屋敷街として知られていた。だが、**政府に没収されたことで、麦畑や野菜畑に変じる。建物が壊されて〝畑〟になったのだ。**

上空から見た現在の小石川後楽園

小石川後楽園の庭園

新橋《しんばし》界隈は、かつて仙台藩伊達家などの屋敷が立ち並ぶ大名屋敷街であった。ところが、管理する者もいなかったため放置されてしまう。**建物は壊れるに任せ、青草が生《お》い茂《しげ》る状態だった。**

東京が荒れ果てていた様子がよく分かる証言である。

「主」を失った江戸の武家屋敷——地方から〝富と人口〟を集めた参勤交代

延寿は、愛宕《あたご》山から見た東京の情景も書き残している。愛宕山と言えば、**山頂から江戸の三分の一が見渡せると喧伝《けんでん》された山**で、江戸の観光名所として知られた。

愛宕山からは、延々と人家が密集する江戸の町が遠望できたが、東京となった今はどうなのか。

愛宕山にのぼると海天一色、遠く房総の山々が海をめぐっている景色はまったく昔と変らない。首をめぐらせば北に江戸城があり、さらに遠く雲霞のなかに本願寺と浅草寺の屋根が見える。昔とちがったのは、かつては見わたすかぎり、数里のあいだ、錐をたてる隙もないほど人家がたてこんでいたのにひきかえ、今は

愛宕山の石段。山上の愛宕神社からの眺望は指折りで、江戸時代から名所として有名だった（写真提供：PPS通信社）

いたるところに草のしげった空地が緑のもうせんをひろげたように見えることである。やがてひとりの老人がやってきて、あたりを歩きまわり、今昔の感に堪えないもののように『ああこれではまるで草原だ。いつになったら昔のお江戸の繁昌が見られることかなあ』とかこった。

大名屋敷や旗本屋敷だけでなく、商家や長屋でも取り壊されてしまったものが多かったようだ。江戸の繁栄を知っている者からすると、「草原になってしまった」と嘆《たん》じざるを得なかった。

しかし、延寿の感想は少し違っていた。**参勤交代により富や人口が〝一極集中〟していたことで、江戸の繁栄がもたらされたことに批判的だった**からである。

私は黙って傍にいたが、思うに、昔の江戸の繁昌はけっして健全なものではなかった。富と文化と人口とが江戸に集中し、地方が余りにも貧しすぎた。今や諸藩はその封土を朝廷に返し、無用な邸宅もまた官に帰し、家臣たちは郷土に帰って農耕に従い、都下の人口は約半減し、武家屋敷の屋根は傾き、練塀ははげ落ち、草は地をおおうている。しかしこれは都市が痩せて天下が肥えるのだから結構ではないか、と自分は考えた。

参勤交代制は江戸に繁栄をもたらしたが、一方では地方を貧《まず》しくしてしまった。しかし、明治維新で大名屋敷の大半が没収されると、帰国する大名や藩士が続出する。**東京の人口は半減して衰退したが、それだけ「地方の武士が住んでいた」**ということでもあった。

東京には由々《ゆゆ》しき事態だったが、天下にとっては結構なことだと延寿は言う。その分、富が地方に分散されて、全国的に繁栄していくことが期待できたからである。

(三)「その後」の大名屋敷——〝往時の繁栄〟を取り戻すには？

百万坪が畑に転じた「桑茶政策」の挫折——知られざる明治初年の東京の姿

廃藩置県に先立って、東京の大名屋敷は消えていったが、その流れを決定的にしたのが廃藩置県である。

明治二年（一八六九）六月の版籍奉還《はんせきほうかん》により、各藩主は土地（領地）と人民（領民）を政府に奉還したが、そのまま知藩事《ちはんじ》に任命されたため、弱体化したとはいえ藩権力は温存されたままだった。**政府が目指す「中央集権国家」の樹立には程遠かった。**

よって、政府は諸藩の抵抗を危惧しながらも、一挙に廃藩を断行しようと決意する。

四年七月十四日、**天皇より廃藩置県の詔書《しょうしょ》が下った。知藩事は一斉に罷免《ひめん》され、東京への転居が命じられる。**東京在住が義務付けられたのである。

これにより全国は三府《ふ》三百二県、その後の統廃合で三府七十二県に編制された。名実ともに全国の土地と人民が政府の支配下に入り、中央集権国家が樹立される。

しかし、依然として東京は往時《おうじ》の繁栄を取り戻すことができなかった。

政府も東京の荒廃ぶりに、ただ手をこまねいていたわけではない。版籍奉還直後から手を打っている。**没収した大名屋敷や幕臣の屋敷に、桑や茶を植え付けるよう奨励**する。

明治二年八月二十日、東京府知事・大木喬任《たかとう》の発案により、**桑茶《くわちゃ》政策**と俗称《ぞくしょう》される政策が布告されたのだ。

東京府知事・大木喬任
（国立国会図書館蔵）

桑か茶を植え付けたいと希望する者は、希望の場所を東京府に申し立て地所の払い下げを受けること、その後四ヶ月以内に植え付けるように、他の作物を植えた場合は払い下げ地を没収する、というのが布告の趣旨だった。

当時、**蚕糸《さんし》（生糸《きいと》）と茶が日本の主力輸出品**になっていた。政府としては、荒廃した幕臣などの屋敷を桑畑や茶畑に生まれ変わらせて生糸や茶を増産し、これを輸出して国を富ませようという目論みがあった。

東京は桑畑もしくは茶畑と化していく。

明治六年（一八七三）三月の調査によれば、政府が収公《しゅうこう》した地所三百万坪のうち、開墾《かいこん》対象となったのは百十万六千七百七十坪。そのうち、桑茶が植えられたのは百二万五千二百七坪にも及んだ。一時期、東京が桑畑と茶畑に変じた様子が浮かんでくる数字である。

だが、この桑茶政策は大失敗する。

屋敷地として使われていた土地を、いきなり開墾して桑・茶畑にしても育つはずがない。実際、植え付けた桑・茶のうち七～八割は枯《か》れてしまったという。発案者の大木も、桑茶政策は大失敗だったと回顧している。

自分が参与から東京府知事の兼任を命ぜられた当時、第一にその処置に困ったのは旧大名及び幕府旗下の士の邸宅である。塀は頽《すた》れ、家は壊れて、寂寞たる有様。これが東京府の大部分を占めておったのである。で、自分はこの荒屋敷《あれやしき》へ桑茶を植え付けて殖産興業の道を開こうと思った。今から思うとずいぶん馬鹿な考えで、桑田変じて海となるということはあるが、都会変じて桑田となるというのだから、確かに自分の大失敗であったに相違ない（大木喬任「奠都当時の東京」『史話 明治初年』新人物往来社）

ほとんど知られていない、明治初年の東京の姿である。

「東京府庁」にもなった大名屋敷――土地の需給バランスが崩れるほど広大！

町奉行所に代わって東京の市政を担当したのは東京府庁だが、その庁舎に充てられたのが大和郡山《こおりやま》藩柳沢家の上屋敷である。第二章「江戸の高級サロンだった大名庭園」で取り上げた柳沢吉保《よしやす》の孫・信鴻《のぶとき》が藩主を勤めた藩だ。

先に登場した青山延寿は、東京府の地誌課長に起用されたことで、水戸から東京に出てくる。そして、府庁が置かれた旧柳沢邸に家族とともに住んだが、『おんな二代の記』には娘・千世の証言が以下のように収められている。

そのころ日比谷御門外、つまり今の公園附近一帯は大名小路で、軒をつらねた大名の上屋敷は版籍奉還とともに官有となり、今の勧業銀行の建物のあるところは柳沢侯の邸で、それが東京府庁にあてられ、構内の長屋など附属建物が、府吏員の官宅にあてられ、九月、延寿はもと柳沢藩の家老の住居だったという小ぢんまりした住宅におちつきました。そして水戸から妻きく、息子量一、次女ふゆを迎えて半年ぶりで一家揃って新しい時代の生活にふみ出しました。ちょうどこの年、同じ府庁の吏員で、同じ旧柳沢邸の官宅の一角に住んでいた、もと甲府御勤番だった人の家に女の子が生れました。それが樋口夏子、後の一葉女史です（山川菊栄『おんな二代の記』）

大名屋敷が集中することで「大名小路《こうじ》」と呼ばれた区画に柳沢家の上屋敷もあったが、その建物を活用して庁舎としていた様子がよく分かる証言である。郡山藩士たちが共同生活を送った長屋が、府庁役人の住居に充てられたが、延寿は課長であったため邸内の家老の住居に住んでいる。

なお、樋口一葉の父は幕臣（甲府勤番）だったが、維新後に政府に出仕して東京府庁に勤務したため、奇《く》しくも同じ屋敷に住んでいた格好だ。一葉は大名屋敷で生まれたのである。

このように、**没収した大名屋敷を官用地に充てるほか、官吏の住居にも充てたが、それでも当時は土地がかなり余っていたのが実情である。それだけ、大名や幕臣に下賜された屋敷、つまり「武家地は広大」だったのだ。**

そして、需給のバランスが崩れた結果、現在ではとても信じられないようなことも起きていた。

タダでも買い手がつかない？——押し付けられた武家地が「巨大な資産」に

大隈重信《おおくましげのぶ》のもとで立憲改進党や東京専門学校（現・早稲田大学）の創設に関与し、衆議院議員も務めた市島謙吉《いちしまけんきち》は、当時の東京の土地事情について次のように証言している。

旧幕時代には各藩から江戸に参覲交代したために、八百八町の繁栄は現出したのだが、今やそれら諸藩は、領地へ退去して、東京は空虚となり、非常に荒廃して、人心頗る兢々、帝都の前途もどうかと危ぶまれるばかりであった。これゆえ、土地などは、殆ど無代価同様だった。自分は当時まだ上京せぬゆえ、自らも目睹したわけではないが、いずれも従来の邸宅の跡が残らずとり毀《こぼ》たれて畑になり、市廛《してん》の間に畑が散在するような状態だった。

土一升、金一升といわれた大江戸の土地跡も全く無代価同然、誰も買人がない。かつてある老人の話に、政府は土地がこうして、荒廃に帰することを憂慮して、非常に安価で売り払ったけれども、誰も買人《かいて》がない。結局一つの条件を付して、土地をただやることにした。その条件というのは、貰った人はその土地へ板構《がこ》いをしなければならんという条件だった。こうして小野組だの三井だのに命令を与えて土地を引き受けさせたが、彼らもあまりこれを喜ばず、しぶしぶ払下げを願った。しかしそれらの大土地へ板構いをするのは、尠《すくな》からぬ費用を要するから、結局事実無代価でもらって、板構いもせずその儘放任し、後に巨大な大財産になったということをきいている（市島謙吉「明治初年の土地問題」『史話 明治初年』）

需給バランスが崩れたことで〝東京の地価〟が暴落してしまい、無代《むだい》でも買い手が付かないほどだった。このままでは没収した武家屋敷が荒廃するとして、政府では三井家や小野組《おのぐみ》などの豪商に無料で押し付けることで、その管理にあたらせた。

当時、三井家や小野組は政府の御用《ごよう》を請け負っており、その要請を断れない立場にあった。**政府御用達、いわゆる政商《せいしょう》である。**

押し付けられた豪商にとっては迷惑この上なかったが、渋々《しぶしぶ》払い下げ願《ねがい》を出して受け取った。払い下げられた地所には板で囲いをすることが義務付けられていたが、何もせず放置した。

しかし、後に需給バランスが逆転すると地価は一転上昇する。**厄介物《やっかいもの》だった土地は巨大な資産に生まれ変わった**のである。

大名屋敷の「払い下げ」と福沢諭吉――〝千載一遇のチャンス〟を勝ち取る

明治初年の段階では、買い手が付かないほど東京の地価は暴落していたが、社会が安定すると人口は増加傾向に転じる。東京が往時の繁栄を取り戻しはじめると、土地の供給が需要に追い付かなくなり、地価は高騰する。

一方、政府に土地の払い下げを求める動きも激しくなる。それまでは払い下げの対象になることから逃げ回っていたが、逆に払い下げを求めるようになった。

ここに、**旧大名屋敷あるいは幕臣屋敷の〝争奪戦〟がはじまる。**現在の東京につ

福沢諭吉（国立国会図書館蔵）

ながる光景が生まれていくが、そんな争奪戦のなか誕生したのが慶應義塾《けいおうぎじゅく》大学の三田《みた》キャンパスだったことは、ほとんど知られていないに違いない。

かつては、東京大学の本郷《ほんごう》キャンパスが加賀藩上屋敷だったように、**大名屋敷が「大学の敷地」となる事例は珍しくない。**三田キャンパスもその一例であった。

最後に、福沢諭吉の自伝を通して大名屋敷が大学のキャンパスに生まれ変わった事例を紹介していこう。

豊前中津藩の下級藩士の家に生まれた諭吉は、鉄砲洲《てっぽうず》中屋敷内に塾を開いていたが、慶応三年（一八六七）十二月、芝新銭座《しばしんせんざ》にあった久留米《くるめ》藩有馬家の中屋敷を買い入れる。翌四年（一八六八）四月に塾を新銭座に移転したが、時の元号に因《ちな》んで慶應義塾と命名したことは有名だろう。

明治四年三月、慶應義塾は旧島原藩の三田中屋敷に移転するが、この屋敷は政府から拝借《はいしゃく》した地所だった。三年十月に、政府が島原藩から没収した三田中屋敷の拝借を許可されていたのである。

政府は、没収した諸藩の屋敷を官庁の用地や軍用地、そして官吏の屋敷地として下げ渡したが、官吏でもない諭吉が拝借できたのは、政府当局に運動した結果だった。

諭吉が運動した相手は、**政府の最高実力者である内大臣・岩倉具視だ。**諭吉は岩倉邸を訪れて直接依頼し、拝借地として入手することができた。兵部省も狙っていたようだが、そうした運動の甲斐《かい》あって諭吉の拝借地になることが決まる。政府に出仕しなかったとはいえ、諭吉が政府部内に顔が利《き》いていたことがよく分かるエピソードである。

拝借が許された地所は一万数千坪で、払い下げられた建物の建坪《たてつぼ》は六百数十坪。その内訳は、御殿二棟《とう》と長屋数棟で代価は計六百数十円だった。新銭座の時と比べると、塾の敷地は三十倍になった。高燥《こうそう》の地にあり、海浜の眺望《ちょうぼう》も良かったため、諭吉はこの地所をたいへん気に入っていた。

しかし、拝借地である以上、いつ召し上げられるか分からなかった。よって、**拝借地から払い下げ地、要するに〝私有地〟への切り替えを狙っていた**が、やがて、ある情報が諭吉の耳に入る。

明治四年の頃、それかあらぬか、政府は市中の拝借地をその借地人または縁故ある者に払い下げるとの風聞が聞える。これは妙なりと大いに喜び、そのとき東京府の課長に福田という人がもっぱら地所のことを取り扱うということを聞き伝え、さっそく福田の私宅を尋ねて委細の事実を確かめ、いよ〳〵発令の時には知らしてくれることに約束して、帰宅して日々便りを待っていると、数日の後に至り、今日発令したと報知が来たから、暫時《シバシ》も猶予《ゆうよ》は出来ず、翌朝東京府に代理の者を差し出しお払い下げを願うて、代金を上納せんと金を出したところが、府庁にも昨日発令したばかりで出願者は一人《ひとり》もなし、マダ帳簿も出来ず、上納金請取《うけとり》の書式も出来ずと言うから、その正式の請取は後日のこととして今日はただ金子《きんす》だけの御収納を願うと言って、強《し》いて金を渡して仮りお払い下げの姿を成し、その後地所代価収領の本証書も下《くだ》りて、いよ〳〵私の私有地となり、地券面本邸の外《ほか》に附属の町地面《まちじめん》を合して一万三千何百坪、本邸の方は千坪につき価十五円、町地の方は割合に高く、両様共算《きょうさん》して五百何十円とは、ほとんど無代価と申して宜《よろ》しい（『新訂 福翁自伝』ワイド版 岩波文庫、一九九一年、以下同じ）。

東京市中の拝借地を、借地人か縁故《えんこ》ある者に払い下げるとの政府の方針が、事前に漏《も》れたのだ。その情報をキャッチした諭吉は、福田という東京府の担当課長の自宅を訪ね、その方針が公示された時はすぐ知らせて欲しいと依頼している。果《は》たせるかな、数日後に福田から連絡が入った。

翌朝、諭吉は代理人を東京府庁に出頭させたが、昨日の今日であるため、出願者はいなかった。というよりも、払い下げを希望する者や地所を記帳《きちょう》する書類などが、東京府側では未《いま》だ用意できていなかったのである。

だが、**諭吉は先を越されてはたまらないと思い、「下げ渡しに伴う上納金《じょうのう》だけは今日請け取って欲しい」と嘆願し、府側に請け取らせている。**仮とはいえ、これで払い下げ成立だ。

後日、地所代価収領《しゅうりょう》の本証書が下り、諭吉の私有地として確定する。代価は五百円ほどだが、諭吉によれば無代価に等しい価格であった。土地に至っては千坪につき十五円。**現在の貨幣《かへい》価値で言えば、百万円ほどで千坪を手に入れた**格好である。

慶應大学「三田キャンパス」に生まれ変わる――そのルーツは大名屋敷だった

諭吉が、東京府から払い下げの許可を得ることをこれほど急いだのは、理由があった。ライバルが出てくるのを恐れたのである。

果たせるかな、旧島原藩士が諭吉を訪ね、もともとは島原藩の屋敷だったことを理由に譲渡《じょうと》を強く求めてきた。諭吉の懸念は当たった。

東京の諸屋敷地を払い下げるという風聞が段々世間に知れ渡ったその時に、島原藩士何某が私方にやって来て、当屋敷は由緒ある拝領屋敷なるゆえ、主人島原藩主よりお払下げを願う、此方《こっち》へお譲り渡し下されいと捩《ね》じ込んで来たから、私は一切知らず、この地所のむかしが誰のものでありしやそれさえ心得ていない、とにかくに私は東京府からお払いの地所を買い請けたまでのことなれば、府の命に服従するのみ、何か思《おぼ》し召《め》しもあらば府庁へお談じ然るべしと刎《はね》付ける。

諭吉は「島原藩の屋敷だったことなど知らない、何か言いたいことがあれば自分

に払い下げた東京府に掛け合って欲しい」と突っぱねた。旧島原藩側は地所を折半《せっぱん》しようとまで申し出てきたが、この件は自分と島原藩が相談すべきことではないから お答えできない。府に言って欲しいと応じ、取り合わなかった。結局、島原藩側は諦《あきら》める。

諭吉は次のように勝利宣言する。

　今日になってみれば、東京中を尋ね回っても慶応義塾の地所と甲乙を争う屋敷は一ヵ所もない。正味一万四千坪、土地は高燥にして平面、海に面して前に遮《さえぎ》るものなし、空気清く眺望佳なり、義塾唯一の資産にして、今これを売ろうとしたらば、むかしお払い下げの原価五百何十円は、百倍でない千倍になりましょう。義塾の欲張り、時節を待って千倍にも二

現在の慶應義塾大学三田キャンパスの東門

千倍にもして遣《や》ろうと、若い塾員たちはリキンでいます。

諭吉が最初に塾を開いたのは中津藩中屋敷。その後、久留米藩有馬家の中屋敷に移転し、さらに島原藩中屋敷に移り、現在に至るのである。

おわりに――江戸が「東京」になる過程で、消えていった大名屋敷

「参勤交代制の改変」からわずか五年で倒れた幕府

「大名屋敷なくして百万都市――城下町江戸は成り立たない」という視点のもと、江戸の実像を読み解いてきた。

江戸の土地の七割を占めた武家地の過半は大名屋敷だった。江戸の武家人口の過半も、大名屋敷に住む藩士たちで占められた。**大名屋敷の動向に、江戸は大きく左右されていた。**

よって、文久二年（一八六二）の〝参勤交代制の改変〟で大名や藩士が大名屋敷に住まなくなると、江戸の経済は極度の不況に陥る。人口も減り、江戸は寂《さび》れていった。諸大名の自立化も招き、幕府の存立《そんりつ》基盤は大きく揺らいだ。そして、慶応三年（一八六七）の大政奉還により幕府は消滅する。

江戸の大名屋敷の「生みの親」とも言うべき参勤交代制の改変からわずか五年ほ

現在の東京大学にある赤門(旧加賀藩上屋敷の御守殿門)

どで、幕府は自ら倒れる。言い換えると、参勤交代つまり江戸の大名屋敷が幕府を支えていた。

江戸が東京となる過程で、大名屋敷は名実《めいじつ》ともに消えていく。屋敷内の御殿、長屋、庭園は次々と取り壊され、江戸が大名屋敷街だった面《おも》影《かげ》は失われた。

江戸切絵図《きりえず》や幕末に日本を訪れた外国人が撮影した写真が、大名屋敷街としての江戸を今に伝える貴重な資料となっているが、現存するものがまったくないわけではない。

さすがに御殿などや建物そのものは現存していないが、その一部である門《もん》は現在も各所で見ることができる。本文でも触れた、上野公園内の鳥取藩上屋敷の巨大な表門は一例だ。東京大学の象徴・赤門《あかもん》も加賀藩上屋敷内に造られた御守殿《ごしゅでん》への入り口の門だった。御守殿とは、将軍の娘が大名に嫁《とつ》いだ時、上屋敷に造ることが義務付けられた御殿のことである。

庭園も現存している。同じく本文で触れた小石川後楽園は水戸藩上屋敷内の庭園で、六義園《りくぎえん》は大和郡山藩駒込《こまごめ》中屋敷内の庭園だ。そんな門や庭園の大きさは、今も見る者をして大名屋敷の威容を感じさせる。

近年、**都心の再開発が盛んであるが、地下を掘り進めていくと、江戸が大名屋敷街だった痕跡《こんせき》が数多く顔を覗《のぞ》かせる。**その遺跡調査を通じて、今まで知られることのなかった江戸藩邸内での藩主や藩士たちの生活が復元できるはずだ。

しかし、大名屋敷をテーマにした研究の蓄積《ちくせき》が少ないため、「大名屋敷街としての江戸」は依然としてイメージされにくいのが現状だ。

本書のように、**大名屋敷なくして城下町江戸は成り立たない**という視点で江戸を改めて見直し、その実像に迫る試《こころ》みが盛んになることを望みたい。

本書執筆にあたってはＰＨＰ研究所の伊藤雄一郎氏の御世話になりました。末尾ながら、深く感謝いたします。

二〇一九年一月

安藤優一郎

参考文献

『都史紀要十三 明治初年の武家地処理問題』東京都、一九六五年
東京百年史編集委員会編『東京百年史 第二巻』ぎょうせい、一九七九年
白幡洋三郎『大名庭園』講談社選書メチエ、一九九七年
安藤優一郎『大名屋敷の謎』集英社新書、二〇〇八年
安藤優一郎『大名庭園を楽しむ』朝日新書、二〇〇九年
別冊歴史REAL『歩く・観る・学ぶ 江戸の大名屋敷』洋泉社、二〇一一年

著者紹介
安藤優一郎（あんどう　ゆういちろう）
1965年、千葉県生まれ。歴史家。文学博士（早稲田大学）。早稲田大学教育学部社会科地理歴史専修卒業、早稲田大学文学研究科博士後期課程満期退学。江戸をテーマとする執筆・講演活動を展開。ＪＲ東日本大人の休日・ジパング倶楽部「趣味の会」など生涯学習講座の講師を務める。
主な著書に『江戸のいちばん長い日』（文春新書）、『江戸の《新》常識』（SBビジュアル新書）、『島津久光の明治維新』（イースト・プレス）、『河井継之助』（日本経済新聞出版社）、『西郷どんの真実』『30の神社からよむ日本史』『30の名城からよむ日本史』（以上、日経ビジネス人文庫）、『相続の日本史』（日経プレミアシリーズ）、『西郷隆盛と勝海舟』『西郷隆盛の明治』（以上、洋泉社歴史新書）、『大奥の女たちの明治維新』（朝日新書）、『「絶体絶命」の明治維新』『「街道」で読み解く日本史の謎』『「幕末維新」の不都合な真実』『「関ヶ原合戦」の不都合な真実』（以上、PHP文庫）など。

本書は、書き下ろし作品です。

ＰＨＰ文庫　大名屋敷「謎」の生活

2019年２月15日　第１版第１刷

著　　者　　安藤優一郎
発行者　　後藤淳一
発行所　　株式会社ＰＨＰ研究所
東京本部　〒135-8137 江東区豊洲5-6-52
第四制作部文庫課　☎03-3520-9617（編集）
普及部　☎03-3520-9630（販売）
京都本部　〒601-8411 京都市南区西九条北ノ内町11
PHP INTERFACE　https://www.php.co.jp/

組　　版　　有限会社エヴリ・シンク
印刷所
製本所　　図書印刷株式会社

 ISBN978-4-569-76876-2

PHP文庫好評既刊

「幕末維新」の不都合な真実

安藤優一郎 著

江戸城は徳川家に返還されるはずだった？
彰義隊の戦いこそ天下分け目の決戦？
〝勝者の視点〟で語られがちな幕末維新の
真相に迫る！

定価 本体七四〇円（税別）